星云大师演讲集

02

佛教与生活

星云大师 著

生活·讀書·新知 三联书店

本书由上海大觉文化传播有限公司独家授权出版中文简体字版。

图书在版编目(CIP)数据

佛教与生活/星云大师著．—北京：生活·读书·新知三联书店，2015.4
（星云大师演讲集）
ISBN 978-7-108-05248-3

Ⅰ．①佛…　Ⅱ．①星…　Ⅲ．①禅宗—通俗读物　Ⅳ．①B946.5-49

中国版本图书馆CIP数据核字(2015)第017217号

责任编辑　麻俊生
封面设计　储　平
责任印制　卢　岳　张雅丽
出版发行　生活·讀書·新知　三联书店
（北京市东城区美术馆东街22号）
邮　　编　100010
印　　刷　北京市松源印刷有限公司
版　　次　2015年4月北京第1版
2015年4月北京第1次印刷
开　　本　880毫米×1230毫米　1/32　印张　7.375
字　　数　160千字
印　　数　0,001—8,000册
定　　价　28.00元

总序　人间佛教正法久住

我们生活在人间，人间有男女老少，人间有五欲六尘，人间有生老病死，人间有悲欢离合。在缺憾的世间，我们如何获得欢喜自在？如何发挥生命的价值？如何拥有安乐的生活？这是我们所要探讨的课题。

佛陀降诞人间，示教利喜，为人间开启了光明与希望；佛陀依五乘佛法，建立了“五戒十善”“中道缘起”“因缘果报”“四无量心”“六度四摄”等人间佛教的基本思想。

为了适应时代的发展，我们创办文化、教育、慈善等事业，提出“传统与现代融和”“僧众与信众共有”“修持与慧解并重”“佛教与艺文合一”等弘法方向。多年来，以“佛法为体、世学为用”作为宗旨，人间佛教渐渐蔚然有成，欣见大家高举人间佛教的旗帜，纷纷走出山林，投入社会公益活动，实践佛教慈悲利他的本怀。

2004年，我曾在香港和台北作例行的年度“佛学讲座”，三天的讲题分别为“佛教的生命学”“佛教的生死学”“佛教的生活学”。我言：生命为“体”，作为本体的生命，是不增不减、永恒存在、绝对、无限、正常的；生死为“相”，每个生命所显露的现象，是有生有灭、变化无常、相对、有限、非常的；生活是“用”，生命从生到死，其中的食衣住行、言行举止、身心活动等等，无一不是生命的作用。因此，体、相、用，三者密不可分。我们既来到世间生活，就有生命，有生命就有生死，三者是一体的，其关系极为密切。因此，整个人间佛教可以说就是“生命学”“生死学”“生活学”。

之后，我在世界各地演讲《人间佛教的戒、定、慧三学》。所谓戒定慧，有谓由戒生定，由定发慧，由慧趣入解脱，是学佛的次第；在人间生活，更需要断除烦恼才能获得究竟的妙智，才能自在悠游于人间！

1949年，我从中国大陆来到台湾之后，为了适应广大民众的需求，毅然采取面对面的讲说弘法。从宜兰乡村的弘法，到城市各处的聚会；从监狱的开示，到工厂的布教。1975年，在台北艺术馆举行佛学讲座，首开在“国家会堂”演讲佛学之风。接下来，我弘法的脚步，由北至南，由西至东，从学校到部队，从岛内到岛外。近二十年来，随着弘法的国际化，我更是终年在世界各地云水行脚，奔波结缘。

演讲的对象，有一般男女老少的信众，也有大专青年、企业界精英、教师、警察等特定对象。讲说的内容更是包罗万象，经典方面有《六祖坛经》《金刚经》《维摩诘经》《法华经》等，也讲说佛教的义理、特质与现代生活的种种关系，以及佛教对社会、政治、伦理、经济、心理、民俗、命运、神通、知见、因缘、轮回、死亡、涅槃等各种问题的看法。

三十年前，佛光山的弟子们将我历年来演讲的内容，陆续结集成书，并定名为《星云大师演讲集》丛书，二十多年来不知再版了多少次！许多读者将此套书视为认识佛教、研究佛学必读之书，也有不少出家、在家弟子，以此演讲集作为讲经说法的教材。

这套演讲集已缺书好一段时间，不时有人频频询问、催促再版。我重新翻阅，觉得此套演讲集讲说时隔近三十年，抚今追昔，虽然佛法真理不变，人心善美依然；环境变迁有之，人事递嬗有之。因此，决定将此书全新改版，去除与现今社会略微差异之处，重新校正、修订、增删，并依内容性质，分类为《佛光与教团》《佛教与生活》《佛法与义理》《人生与社会》《禅学与净土》《宗教与体验》《人间与实践》《佛教与青年》等册，总字数百余万字。为保存、珍重历史，同时又为方便后人参考、查询，我将演讲的时间、地点记于每篇文章之后。

我出家已超过一甲子，毕生竭力于人间佛教的弘扬与实践，主要是希望全世界各族群能相互尊重，人我能相互包容，社会彼此和谐进步。这套演讲集是为我初期弘法历程，以及一以贯之的人间佛教思想理念的鲜明见证。

出版在即，为文略说弘法因缘，并以心香一瓣祝祷人间佛教正法久住，所有众生皆能身心自在，共生吉祥。

星云　于佛光山法堂

目 录

001 佛教与生活（一）

018 佛教与生活（二）

032 佛教与生活（三）

054 生活与信仰

078 生活与道德

101 生活与修持

130 生活与般若

139 行为平坦的道路

156 身心安住的家园

171 人生十问

188 如何美化人生

197 谈你说我

215 谈情说爱

佛教与生活(一)

佛教是一种宗教，
我们的日常生活里不能缺少宗教，
而生活须要用佛法来指导。

“佛教”与日常生活有着不可分离的密切关系，因此，我们不可完全把它当作学问来研究。佛教是一种宗教，我们的日常生活里不能缺少宗教，而生活须要用佛法来指导。

在佛教界，有许多很有学问的人，他们进入佛门几十年，可是却不能与佛法相应。佛教讲慈悲，而他不慈悲；佛教讲忍耐，而他不忍耐。其原因在哪里？就是他不能把自己信奉的佛法应用在生活中。所以，在信仰的历程上，把所信仰的佛法和生活打成一片是很重要的。

我们生活在世界上，离开不了空间、时间、人间三者的关系。什么是“生活的空间”？一只小鸟，到了傍晚时分，飞倦的时候，它要回到窝巢里栖止；一个人经过了整天的劳累工作，也需要个温暖的家养息疲惫的身心。不论“窝”也好，“家”也好，都是生活的空间。如果这个空间没有安排妥当，生活就不能舒适。历史上有不少的战争，起因都是为了争夺土地，即“空间的争夺”，由此可知，空间对于人类的重要性。如果对于“空间”不能妥当处理，则人类的生活将是痛苦不堪，纠纷不息。

什么是“生活的时间”？晋朝田园诗人陶渊明有一首诗说：“盛年不重来，一日难再晨；及时宜自勉，岁月不待人。”人生几十寒暑，如白驹过隙，如过眼云烟。佛经中曾说：“人命在呼吸之间。”我们如何运用有限的生命，发挥无限的事业？古人也说：“吾生也有涯，学也无涯。”学无止境，佛道遥远，如何利用短暂的时间，去充分发挥生命的意义？所以我们在生活中不能忽视分秒的时间。

什么是“生活的人间”？就是人与人之间的相处问题，这是人生历程中不容忽略的问题。人是群众动物，不能离群独居，人与人在社会上有着极密切的关系，如何才能和谐相处呢？这些问题皆为古今圣哲所注意探讨的，以下针对这三个问题分别阐明解说：

一、生活的空间——以退为进的佛教生活

（一）从心外的空间说到心内的空间

心外的空间，是指我们生存的外在环境。譬如我们居住的房舍、活动的场所，甚至宇宙自然界，都是我们心外的空间。对于外在的空间，我们必须清楚认识各种情况，才能活动自如，运用得当。假如我们要从甲地到乙地去，应该先了解路线如何走，乘坐什么交通工具，需要花费多少时间，应准备些什么装备，以及各种安全问题等，如果这些问题都能够掌握清楚，那就可以享受愉快的旅行了。所以我们对于心外的世界，只要多用点心去探求一些知识，小

心谨慎地去了解、去适应,就能得其所安。例如环游世界,甚至登陆月球,准备、了解妥当之后,不论再大再远,都不是难事。

最困难的是心内的空间,它是无形无相,不可捉摸,最令人不易了解的。一个人平常活动的心外世界,不论是君王诸侯或将相百官,不论有多大的权势威力或聪明才智,他们所能到达的空间仍然是有限的。尽管现在科学文明已发展至太空时代,美国人也已率先把人类送至月球。但是这个宇宙虚空之中,除了月球,其他还有如恒河沙数般的星球,人类还不曾见闻过,更遑论登陆了。

外在的虚空世界,一个人穷其一生,所能到达的不过如微尘一般。“拥有大厦千间,夜眠不过八尺。”佛法告诉我们:心内的空间,比心外的空间还大。所以对于心外的空间,不必去争执、占取,能体会心内的空间才是更重要的。

所谓心内的空间就是要不断地开阔我们的心胸。平常描写一个人度量大,说是“宰相肚里能撑船”。佛教说一个人心内的空间之大,是三千大千世界都可以容纳其中。如果我们能把自己的心内空间放大,就能像大海一般容纳百川,不拣巨细;如泰山一般承受土壤,不拣精粗。心内有了宽阔的空间,就能包容宇宙虚空。人事的纠纷,世俗的困扰,也都能包容而不计较。甚至大千世界就是我们的禅床,可以任性逍遥,随遇而安。

佛教有许多经典都详细地指导我们如何获得心内的空间,譬如《维摩诘经》中的“不二法门”,能开展我们心内的世界;《华严经》中重重无尽的华藏世界,能扩大我们心内的空间。一个人如果能够把握自己心内的空间,也就可以同时获得心外的空间。

（二）从前进的空间说到回头的空间

人生若能积极前进，固然很好，但是懂得回头的空间却更重要。平常在我们活动的空间里，大家只知道向前行进，而不知道还有一个退后回头的空间。一般社会上的人，往往凭着一股勇气，在人生的战场上，冲锋陷阵，争取功名富贵。一旦碰得鼻青脸肿时，有的人知道回头，有的人却顽强地直往前冲，甚至跌得粉身碎骨。其实在佛教里，佛陀早就指示我们，人生有两个方向世界：一个是前进的世界，一个是回头的世界。如果能同时把握这两个世界，前进的时候前进，回头的时候回头，则好比人有左右两只手，顺遂自如，人生便能更臻于完美。佛教有一首描写退步求全的诗偈：

手把青秧插满田，低头便见水中天；

六根清净方为道，退步原来是向前。

这首诗借着农夫弯腰插秧，告诉我们要认识自己，观照自己的本性，必须退步低头；回头的世界比向前的世界更辽阔，低头的天地比抬头的天地更宽广。唯有回头、放下、忍让的世界，才能使我们更逍遥自在。

在人生的旅途中，遭遇到坎坷挫折时，如果能抱持“退一步想，海阔天空”的襟怀，则何处没有光风霁月的空间？遭遇到颓唐失意时，如果能记取“回头是岸”的古训，则何处没有美丽光明的希望？

水，在世间上是最普遍，也最为人类所需要的。观水的流势，当它从山峰上急泻而下的时候，气势澎湃，而当它在平地上缓缓流动，遇到岩石壁岸阻碍的时候，一定会转变方向，改道而流。一个人在世间上为人处事，如果能像流水一样，随时知道应变，不必硬冲直撞，定能无往不利，事事顺遂。

有一些人看到学佛的人便说:“你们信仰佛教,不抽烟、喝酒,不打牌、跳舞,丝毫没有人生的享乐,这不是太消极了吗?”难道要抽烟、喝酒、打牌、跳舞,才算是积极的人生吗?佛教徒是深深体会到荣华富贵的虚幻不实,而从吃喝玩乐的声色犬马中回过头来,积极地从事修行办道、弘法利生等事业,这种人生是消极的吗?如果能够真正体会回头的空间的意义,即从恩怨莽撞、虚荣奢靡中回头,那么我们的人生将是前进、积极、幸福、快乐的人生。

(三)从有相的空间说到无住的空间

这个世间形形色色、灯红酒绿,像个五彩缤纷的万花筒,这些都是有相的空间。我们在这个有相的空间中,追逐着人生种种的享乐,于是金钱使我们迷失本性,爱情使我们神魂颠倒,名利地位使我们忘却安危,铤而走险。我们被花花绿绿的世界所迷惑,不知道这些都是假相,都是不实在的,而对它执迷不舍。《金刚经》上说:“凡所有相,皆是虚妄。”世间一切事物,只不过是因缘和合、有条件的存在。如果有缘承受佛法,了解这个道理,就可以从虚妄的、有相的空间里超脱出来,进入无住的空间,那才是一个解脱的世界。

什么是无住的空间?无住的空间,不是叫我们不要吃饭、不要穿衣、不要睡觉,而是一样的吃饭、穿衣、睡觉,却不被这些琐碎的事情所羁绊,即是住于生活之中,而不被生活所牵系。古德说:“犹如木人看花鸟,何妨万物假围绕。”农夫为了防止飞禽昆虫来啄食谷类,制造一个木头人,放在稻田中央,用来恐吓鸟儿昆虫。虽然鸟儿昆虫、稻田花草热闹缤纷,木头人却丝毫不为外境所动。这意思是告诉我们：一个人生活在名利金钱之中，要修养到犹如木头人一般，即使面对色彩缤纷的花花世界也不会动摇内心的境地，这就是无住的生活。

我们赞叹一个人品格高洁，说他远离俗尘，超然俊逸；但是一个住在红尘，却不为氤氲所染的人，才更是豪迈脱俗。池里的莲花所以为诗人雅士所歌咏赞赏，是因为它出于污泥而不染。一个人生活在社会洪流里，若能不随俗浮沉，固然难得，如果与世尘同流而不合污，更是可贵。所以佛教认为远离外境，潜居山林修行，非上上乘，住在闹市，仍能不为外境所转移，才是上上乘。所以说“大隐隐于市”、“热闹场中做道场”。参透有相空间的虚妄性，对于世间的一切，不会生起执着，就能过着无住的生活。

古来很多大德都有这种境界，譬如：陶渊明的“结庐在人境，而无车马喧”；维摩诘居士的“虽处居家，不着三界；示有妻子，常修梵行”；一休和尚的“背负女人，却能坦荡无碍”；一个人如果能体会无住的空间，则何处不能自在逍遥呢？所谓“百花丛里过，片叶不沾身”，是何等的洒脱逍遥。

因此，把整个空间的前后、内外、虚实都认识清楚之后，才能扩大我们的生活领域，而进入一个学佛者所要追求、向往的更大空间。

二、生活的时间——以短为长的佛教生活

《八大人觉经》云：“人命在呼吸之间。”此即说明生命的短暂与无常。虽然传说彭祖活了800多岁，甚至天人也可活几万岁，但是以无始无终的阿僧祇劫来看，也不过如朝露般短暂。因此每一个

人应该珍惜时间、利用时间,以有限的时间,充实无限的生命;以有限的时间,发挥生命的价值。以下从三方面来说明生活的时间。

(一)从零碎的时间说到一贯的时间

一个人活在人世间,无论活到70岁、100岁,在每一期的生命过程里,为了生活的需要,我们不得不把有限的时间再分割成零碎的片断。譬如有时候要吃饭,有时候要睡觉,有时候要办理公务,有时候要处理家事。为了吃一餐饭,要花几个小时去想菜单、买菜、烹煮,即使不自己动手,上馆子吃饭,也要花时间走上一段路。为了想睡个觉,要打扫房间,要整理床铺,躺下来还要辗转反侧,久久才能成眠。

吃饭、走路、睡觉,虽然不一定是自己心甘情愿要做的事,却是生活上不可或缺的事。在我们短暂的生命旅途中,如果把每天吃饭、睡觉、走路、上厕所、洗澡的时间全部扣除,剩下的还有多少呢?再者,人生虽然有数十寒暑,除去嗷嗷待哺、懵懂无知的幼年,和垂暮多病、心力交瘁的老年,真正能够发挥智慧、为人类贡献的时间,实在少得如海中水沤,太有限、太短暂了。

我常常鼓励人,不论是年轻的读书朋友,或是虔诚的佛教信徒,要能利用零碎的时间用功或修行。譬如在学院念书的人,吃罢早饭,还有15分钟才上课,有些人就坐在那儿闲谈,打发时间,何不趁这机会背诵一课书,或者抄写一段笔记,为什么要白白把时间浪费呢?家庭主妇在厨房做菜,或打扫房间,不也可以在心中默念佛号、观想圣容吗?上班的公务员,更可以利用等车或乘车的时间,观想或念佛。

古德曾勉励说:“少说一句话,多念一声佛。”或说:“病从口入,祸从口出。”在闲聊时,我们常因得意忘形,或一时不留意而得罪了人。所以,利用闲谈的时间,多念佛号,多观圣容,不但可以免造口业,还可以增进道业,何乐而不为呢?如果能常常这样用心,相信吃饭也好,走路也好,睡觉也好,办事也好,一定能够安心自如。

生活在这个忙碌的工业社会里,如果不能随时利用零碎的时间,一定会觉得时间不够用,生活无所适从。因为日出而作,日入而息的悠闲农耕社会已经过去了,随着社会结构的改变,我们必须拾掇零碎的时间用心思考,把握“浮生半日闲”的片刻,才能完成许多的心愿和事业。

创建佛光山之后,时常有人问我:“你没有学过建筑,怎么会建房子?你没有读过师范,怎么会办教育?”我告诉他们:“我没学过建筑,也没进过师范。但是,我从大陆到台湾,又从台湾到世界各国,我走过很多路,见过很多房子,每次我都会注意别人怎么建房子,也常设身处地想过:如果我是个建筑师,这栋房子应该如何设计?这块土地应该如何规划?如何使它更整齐美观?过去,当我还在学院求学时,我就思考:假如我将来办教育,我将如何计划,如何实践理想……由于过去的用心,所以一旦机缘成熟,不论创建道场、筹办学校,一切构想早已成竹在胸,因此工作能够顺利进行。”多利用零碎时间,多用心思考,就是我创建佛教事业的秘诀。

很多人不会利用时间,还嫌时间难以打发,譬如坐上车子,不是闲聊,就是闭目睡觉。一个不会用心思考、不会争取时间、不会利用时间的人,是不太可能有大成就的。念佛的人,心里的佛号是毫不间断,即使走路、上厕所、洗澡,都可以绵接零碎的时间,一贯我们上求佛道的心志。总之,不论生活、事务或环境如何转变,我们的心境能不为动摇才是最重要的。

(二)从等待的时间说到创造的时间

"韶光易逝,岁月荏苒",光阴是无情的,如轻烟、白云,当你稍不留意时,它已消逝得无影无踪。岳飞说:"莫等闲,白了少年头,空悲切!"人生要及时努力,因为生命不能等待,等待只有让时光蹉跎、岁月空过。短暂的人生,应该随时把握,充分利用,不能因循苟且,要富有进取心,勇敢向前。

过去四川有两个人,同时发愿欲朝礼普陀山观世音菩萨,其中一人表示:让我筹妥资粮,备好船只,将顺江而下,朝礼普陀。另外一人,身无川资,沿门托钵,徒步而行。时隔多时,徒步者已朝拜过普陀山,再返回四川去;可是前一个人还未购妥船只,更遑论出发了。

这件事情告诉我们:凡事不需要等待,等待又等待,浪费了多少宝贵的时光,一个人的生命有限,时间容许你三等四拖吗?所以,只要是对大众有利、对佛教有贡献的事,应该及时把握时机,努力去创造,不要等待机缘错失,造成终生憾事。尤其是年轻人,更应该珍惜英年大好时光,发愤图强,不要等到白发皤然,才唉声慨叹"空负少年时"。聪明的人,不会缅怀过去,也不憧憬未来,而是及时把握现在,努力振作。

时间的漏斗无影无踪,常常在我们不经意中点滴消逝。虽然如此,只要我们处处留心,仍然可以利用时间创造不朽的生命。佛法所谓"真空妙有",即告诉我们在似无的"空"中,可以生出"万有”来。

譬如几十年前，佛光山原是一片荒山，杂草丛生，荆棘满布。当时，有人怪我，为什么好好的都市不要，却要这什么都没有的荒山？可是，一股信心支持着我，天下无难事，只要去做，绝没有不成功的。凡事不能等待，必须着手去做，只要将等待的时间改成创造的时间，则腐朽也可以转成神奇。以自己的至诚、发心，在无声无息的时间里，创造出有益大众的事业；在时间的齿轮里，走向永恒无尽的目标。

阿弥陀佛的极乐世界，是依凭着阿弥陀佛的四十八大愿而创造出来的，那四十八大愿，也是在无量阿僧祇劫中完成。因此，我们不能等待阿弥陀佛来接引我们，应该努力去修行，认真去创造，以自己的愿力，加上虔诚的勤修念佛，自然能与阿弥陀佛的愿力契合，创造出属于自己的一片极乐净土。

（三）从短暂的时间说到永恒的时间

假如说人生只有几十年的岁月，那么这种人生未免太短暂、太乏味了。人生所以有意义，在于它那永恒的生命。有人以为人一死亡，一切就结束了，殊不知一期的生命虽然灭亡了，却又有一期的生命正在开始。依佛法解释，人是死不了的，死亡如同搬家一样，这一座房子古老破旧了，换一栋新房子；一个人的色身衰老了，再换另外一个身体。当然，这和一个人的善恶业报有关。譬如勤劳刻苦的人，积蓄了很多钱，他可以从破旧的房子搬到高楼洋房。可是，经常吃喝嫖赌、不务正业的人，只有从高楼搬到违章建筑的矮小房子。一个信佛的人，可以借着平日做功德、行善业的力量，将来搬到极乐世界，住到黄金铺地、亭台楼阁皆是七宝所成的地方，这不是值得欣喜的事吗？所以“死亡”对佛教徒来说，并不可怕，也并不意味着生命的结束，而是永恒的生命的轮替过程。

我们如何才能从短暂的时间，证悟到永恒的生命？如何将有限的时间，发挥无限的价值？

有一位老先生，吃力地在庭院挖土种一株小桃树。一个年轻人路过，问道：

“老先生，你年纪这么大了，还种这棵小树做什么？不要说将来你吃不到桃子，恐怕你连它成长都看不到呢！何必这么辛苦，浪费体力呢？”

老先生直起身来，一手挥着汗，一手捶着腰，面带严肃，声音沙哑地说道：

“年轻人，你不懂得生命的意义，我种这棵桃树，并不是为自己享受，虽然等它长成时，我已经死亡了，但是，我的儿子可以在这棵树的绿荫下乘凉，我的孙子后代，可以享受累累的果实，你能说我种这棵树没有用吗？”

年轻人听后，哑口无言，衷心感佩老先生的人生哲学。古德说：“前人种树，后人乘凉。”也说：“前人铺路，后人走路。”人生的真正意义，应该是创造宇宙继起的生命。生命虽然是短暂的数十寒暑，它的价值却是永恒、无限的。譬如燃烧一根木材，一根烧过了，再放下一根，一根一根地接着燃烧下去，这前面的一根并不是后面的一根，但是，这后面一根的火，却是前面一根火的延续。一个人的生命，恰如薪尽火传一样，一期又一期地绵延传递于永恒。

既然如此，我们应该如何把握短暂的时间，去创造永恒的生命呢？儒家讲三不朽，即立功、立言、立德。有的人风云显赫，叱咤一时，留下英名让后人歌颂；有的人埋首著作，自成一家，藏诸名山让后人吟哦；有的人修持严谨，圆满一生，树立风范让后人景仰。

佛教则认为证悟法身，生命即能永远存在。因为法身尽一切时，遍一切处，无时无处不在。如佛陀虽然已于2500多年前进入涅槃，但是，他的生命却留在无尽的时间，遍布在无限的空间里。时至今日，大家仍然继承着他的生命，并且不断地在发挥着，这就是所谓生命的永恒。

三、生活的人间——以众为我的佛教生活

人是群体动物，不能离群索居。一个人想过着幸福快乐的生活，想在大众中获得和谐的人际关系，对于生活的人间，必须有一层透彻的认识与了解。关于这一点，分三部分来解说。

（一）从小我的人间说到大我的人间

这个世界是众缘和合而成的，不是属于某一个人所有，除了自己，还有很多人休戚与共地生存着。既然大家共存于这个世间，彼此就应该互相了解、互相帮助，和平相处，共同关心属于大众的每一个问题。

古人说："独乐乐不如众乐乐。"个人的享乐，其"乐"是有限的。譬如一个人欣赏电视，不如很多人共同欣赏比较有趣。而且自己的快乐和别人分享，快乐并不会减少。如同一支烛光，把它分传给很多支，每一支都点亮了，不但不会减少第一支的光明，反而更增加空间的亮度。人生的幸福快乐亦然，个人的快乐是建筑在大众共

同的快乐之上。一个家庭,父母子女围着用餐,父母的慈祥,子女的欢笑,和乐一团,即使饭桌上仅是粗茶淡饭,却能吃得津津有味。如果只有自己一个人,独坐桌前,面对孤影,虽然吃的是珍馐美味,也味同嚼蜡般枯燥。空荡的一栋房子,除了壁虎,找不到第二个人影,每天孤寂无聊,即使装饰再华丽,设备再完善,生活其中,亦毫无情趣可言。

由此可知,个人的独处,没有大众相处的快乐;把快乐分享给别人,又可以从别人的快乐中增添自己的快乐。因此,一个人要获得快乐,必须扩大小我,融自己于大我中,从大我中获得快乐。

同样地,佛道在世间,佛道在大众身上。想求得佛法,更须化私为公,化我为众。唯有化私为公的生活,才是心安理得的生活;唯有化我为众的生活,才是有意义的生活。

几十年来,我个人即朝着这个方向在努力。我一直很喜欢佛教文化事业,过去自己写文章、出版书,以这些所得,曾经买过一栋精美的房子,住在里面,读书写作倒也逍遥自在。虽然如此,后来我还是把房子卖了,我一直希望能为佛教多贡献一些,遂以所得150万元买了一块荒山,开始创建佛光山。我将个人所有奉献给佛教,为佛教创办事业,教育人才。我的人生虽然一无所有,但是,我的心里却觉得非常富裕,我的生活也充满法乐。

现在佛光山办有佛教学院,有不少佛教青年来研究佛学,从他们朗朗的读书声,与他们蓬勃的朝气中,我体验到佛教充满前途希望的快乐。每天接踵而至的善信男女,虔诚地来山朝圣、礼佛,从他们充满法喜的脸上,我感受到佛教深入人心,敦厚风俗的快乐。所以,一个人如果能从小我中脱颖而出,化小我的人间为大我的人间，他会觉得这种无我的人生更有意义，生活更加快乐。

（二）从造作的人间说到忏悔的人间

每一个人生存在世间，身口意随时都在造业，身体上的举止动作有善恶的行为；嘴上的说话，有善言恶语；内心的意念，有善恶的思想。一般而言，这当中与善业相应者微乎其微，与恶业相应者却比较多。因此，我们要常常怀着忏悔惭愧的心。

“忏悔”是一个非常殊胜的法门，其功德不可思议。譬如一个学生犯了过错，到训导处认错忏悔后，他仍然可以成为健全的青年。一个出家人要经常忏悔，从忏悔中可以消除往昔所造之恶业。“忏悔”犹如菩萨的慈悲法水，借此法水，能够洗涤无始以来的罪愆，获得清净的佛道。

人生在世，虽仅数十寒暑，但是，为了事业，为了家庭，难免奔波劳累，甚或与人争执计较，不知造作了多少身口意的善业与恶业。如果能够及时反省忏悔，则善业增长，恶业消除，仍然不失为堂堂正正的人。因此，佛经云：“不怕无明起，只怕觉照迟。”无明烦恼生起现行，只要及时觉悟忏悔，仍然是个清净善良的人。一个人最怕的不是犯了过失，而是犯了过失仍不知道悔改。如同陷入错误的泥淖里，若能及时回头，仍可得救。如果一意孤行，自怨自艾，耽溺于过失中不肯自拔，则将越陷越深，终于遭到灭顶。佛教里的《梁皇宝忏》《大悲忏》《八十八佛忏悔文》等，都是教人常行忏悔；所有罪过，一经忏悔表露，如同经过法水洗净，不会再遭遇旁人的责难与遗弃。

了解了忏悔的意义与功德，我们应该如何忏悔？除了佛教的布萨、拜愿，有一个在人际间最行得通、最能够获得和谐的妙法，就是不论在什么时候、什么地方都牢牢记着“你是好人，我是坏人”的铭言。一般人都是处处维护自己，认为只有自己才是对的，只有自己才是好人。曹操曾说：“宁可我负天下人，不可天下人负我。”可是，一个信仰佛教的人，却须处处为别人设想，大家都是好人，只有我是坏人。如果世间上每一个人都能有这种观念，相信这个世界是和谐的，人我之间绝对没有争执的事情。举个例子说：

张三把电风扇打开了。李四不喜欢，开口大声说道：“喂！不要只顾自己吹，想想别人已经感冒了，赶快关掉！”

张三不服气说：“你自己感冒，站到旁边去！别人热死了也不能吹吹风吗？”

“我为什么要站到旁边去？”李四发火了。

两个人因此争执起来，一个要开，一个要关，吵得不可收拾。

再举个例子，甲从外面进门，刚坐下，一阵风吹来，门“砰”一声关上了。乙坐在里边看书，被这突如其来的声响弄得起烦恼，骂道：“进来也不会随手关门！”

甲一听，反驳道：“门本来就没关，你怪什么啦？我怎么知道会刮风？”

乙不服气，两个人终于冲突起来。

分析上面两个例子。如果张三和李四都能站在对方的立场想一想，相信两个人绝不会起争执的。譬如张三得知李四感冒，赶快说“对不起”，把电扇往旁边挪一挪，不就没事了吗？

甲乙两个人的争执，如果在乙发怒时，甲适时地道一声“对不起”，又有什么争执可起呢？

每个人先承认自己是坏人，凡事都是自己的错，勇于认错，勤于忏悔，则无明烦恼亦无从生起，人我相处，自能和谐，生活即可获得幸福快乐。

（三）从接受的人间说到报恩的人间

社会上一般的人，处处都在争取自己的利益，只想获得，不能施予。

阎罗王对着两个小鬼说："让你们到人间投胎做人，一个一生给别人东西，一个一生从别人那里获得东西，你们愿意投胎做哪一种人？"

小鬼甲听了，赶快跪下来说道："阎王老爷，我要做那个一生从别人处得到东西的人。"小鬼乙选择当个一生给别人东西的人。

阎罗王抚尺一振，宣判道："下令小鬼甲投胎到人间做乞丐，可以处处向别人乞讨东西；小鬼乙投胎富裕人家，时常布施周济别人。"

一般人往往凡事都以自己为前提，只想接受，不想付出，当然，更遑论报恩了。我们学佛的人，应学习佛陀的慈悲，以大众的安乐为安乐，有"先天下之忧而忧，后天下之乐而乐"的抱负。对于宇宙世间，要能知足、感恩，要有"我能给别人什么"的胸怀；不能自私贪求，只想"别人能给我什么"。因为施者的境界，比受者更宽大；施者所获得的快乐，比受者更丰富。唯有分享快乐给人，懂得报恩的人生，才是有意义、有价值的人生。

我们要感恩什么呢？佛教说"报四重恩"：(1)感念佛陀摄受我以正法之恩。(2)感念父母生养抚育我之恩。(3)感念师长启我懵懂,导我明白真理之恩。(4)感念施主供养滋润我色身之恩。

除上述以外,我们要感念众生自旷劫以来供我所需之恩;感念宇宙自然界的太阳供我光明与热能,空气供我呼吸,雨水供我洗涤,花草树木供我赏悦等等。一个人应该时时自忖:自己何功何德,而能生存于宇宙世间,接受种种供给,不虞匮乏?每一个人都要抱持感恩的胸怀,感念世间种种的给予。如果我们能时时以感恩的心来看这个世间,会觉得这个世间很可爱,自己很富有。

古来的大德,都知道从感恩中去体证佛法,如印光大师21岁出家,在一个寺院里挂单当水头,每天烧热水供应全寺大众,柴火没有了,还要亲自上山砍伐。如果是现在的人,可能会怨恨寺院的住持和执事太残忍了,分给自己如此粗重的工作;但是印光大师却非常感谢:"你们对我太好了,给我的恩德实在是太大了。你们准许我挂单,并且给我学习的机会,我要感恩图报,把热水烧得更好!"

印光大师带着感恩的心情,虽然做的是粗重的工作,却也能够逍遥自如。过去的人都是"滴水之恩,当涌泉相报",如韩信接受漂母一饭,后以千金相报。人与人的相处,若能时时怀抱感恩的心情,则仇恨、嫉妒便会消失于无形,是非烦恼自然匿迹于无影,生活的人间自可获得和谐美满。

佛教常被人误解为太玄妙、太深奥、太迷信,似乎和人间生活脱离关系,其实,若真了解佛教,体悟佛教,就知道生活与佛教有着深刻不可分离的关系了。

1975年4月讲于台北志莲精舍

佛教与生活(二)

佛法的真理在何处?
就在世间的衣食住行上,
就在人我的处事经验上,
如果能将佛法付诸生活上实行,
则能一生受用无穷。

《佛教与生活(一)》从生活的空间、生活的时间、生活的人间三方面阐述了佛教与生活的关系;本文从佛教的物质生活、佛教的处世生活和佛教的精神生活三方面再解说佛教与生活的关系。

一、佛教的物质生活——衣食住行上的佛法

(一)从《阿弥陀经》里看衣食住行的生活

一般人都以为佛教讲四大皆空,应该只重视精神生活,而不重视物质生活。因此,有些人对于信奉佛教,会退避三舍,以为信了佛教,一定要吃苦,好的衣服不能穿,好的饮食不能吃,甚至高楼洋房不能住,既然信仰佛教必须吃苦,我为什么要去自找苦吃呢?其实,佛教有多种内容性质,过分强调苦空无常生活的方式,往往不能吸引一般大众的信仰。

《阿弥陀经》里叙述的极乐世界,在物质生活方面是丰裕而富

有的，道路是“黄金铺地”；房子是“七宝楼阁”，尚有七重栏楯、七重罗网、七重行树，皆是四宝周匝围绕；另有七宝池，池底纯以金沙布地；四边阶道，亦以金、银、琉璃、玻璃等宝合成；穿的衣服，所谓“思衣得衣”；吃的食物，是“思食得食”；交通工具则是“飞行自在”。

从极乐世界的物质生活，可以知道信仰佛教不一定要吃苦。从净土法门的角度来看，佛教是一种“幸福”之教，信仰佛教可以获得幸福、快乐。

佛教也常讲苦，所谓三苦、四苦、八苦、无量诸苦。佛教讲苦的原因，是在说明“苦是入道的增上缘”，并不是指信仰佛教就要受苦，也不是说只有受苦才能得到解脱，苦，只是娑婆世界生活现状的事实。

佛教的教法并不特别标榜“苦”，因为太苦的人生如槁木死灰，但也不叫人热衷于对物质的追求，因为欲壑难填，有了洋房，还要汽车；有了电视机，还要空调，终日汲汲于物质的享受，岂不成为物欲的囚犯，还有什么信仰的快乐可言？因此，“受苦”与“纵乐”两种极端的生活，都不是佛教所要求的生活。

《阿弥陀经》虽讲丰富的物质生活，却在物质生活中实行佛法；《金刚经》讲“应无所住而生其心”，也不是要我们放弃所有，而是强调佛法的中道生活；在苦乐之间的中道生活，才是真正的佛教生活。

（二）从五乘佛法看衣食住行的生活

所谓五乘，即人、天、声闻、缘觉、菩萨，这是学佛的五种阶位。在人天乘的佛法里，非常重视物质生活；在声闻、缘觉的阶段里，则较重视精神生活。人天乘的对象，是在家众；声闻、缘觉的对象，是出家众。时下一般弘法者，常有一种错误的观念，就是常常将对声闻、缘觉的要求，用来要求人天乘的大众。譬如素食、苦行，是声闻、缘觉的修行方式，如果用这些方法来要求在家人的生活，似乎不太恰当。

佛教里常常讲“发心”，所谓“发心”，即发三种心：(1)发增上生心，可以招感人天果报；(2)发出离心，可以招感声闻、缘觉的果报；(3)发菩提心，可以招感菩萨的果报。

发增上生心招感的人天果报，对物质生活并不采取否定的态度，譬如“功名”，人天乘的佛法并没有禁止追求，甚至求得越高越好；“财富”，黄金不是毒蛇，甚至拥有越多越好。在人天乘的佛法里，不把功名富贵看成是绝对可怕的东西，只是当你求功名求富贵时，必须用合理的方法，有了功名富贵，也要好好用来造福人间。

世间有一种人，对于功名富贵不感兴趣，他想舍弃功名富贵，一心求法，这种人接近声闻、缘觉的根性，发出离心，可以舍俗出家。否则，即使已经剃发染衣，现出家相，但是对世俗的荣华富贵没有舍离之念，仍不能算是真正和出家法相应。

发增上生心的在家居士，在社会上营求功名富贵，过着有夫妻儿女的伦常生活，是佛法所允许的，丝毫不必有惭愧或罪恶的感觉；重要的是无论如何追求功名富贵，不可作奸犯科，不可邪僻淫乱，在世俗正常生活的范围内，是不违背佛法的。

(三) 从日常生活中看衣食住行的生活

衣食住行在日常生活中是不可或缺的，即使成了觉者的佛陀，也离不开衣食住行。不过，佛陀虽然在衣食住行上与一般大众无异，但是，它却具有完全不同的意义。《金刚经》说：“尔时世尊食时着衣持钵，入舍卫大城乞食。于其城中次第乞已，还至本处，饭食讫，收衣钵，洗足已，敷座而坐。”

这一段经文是描写佛陀的日常生活，乍看之下，与一般人完全一样，但是，如果我们深入体会，则可以发觉这些平凡的生活方式里，包含着不同凡响的精奥微妙之处。

“食时着衣持钵”，象征佛陀的“持戒”生活；“入舍卫大城乞食”，是信众供养“布施”，佛陀布施佛法给供养者。“次第乞已”，是“忍辱”的表现，因为佛陀乞食按着次序，挨门挨户而去，并不因为某条街有较好的供养，就特别舍近求远，而是随缘次第托钵，即使所乞得的食物粗劣难咽，也需要忍耐，这是佛陀所行的忍辱波罗蜜。乞食回来，“还至本处”，“收衣钵”，“洗足已”，“敷座而坐”，这些是表示佛陀的“精进”波罗蜜、“禅定”波罗蜜。佛陀日常生活中，穿衣、吃饭、行路、静坐，哪一样不是佛法？佛法就在日常生活中。

一般人不了解，往往忽略了近在身边的佛法，而千里迢迢地去外面追求。历史上很多禅师大德，在吃饭中，或在打扫、耕作中，偶然一些撞击就开悟了。甚至有人听到风吹竹子声，或邻家小孩的哭声，都可以开悟。因此，我们修学佛法，固然要向藏经去探寻，向善知识去参访，却不能忘了在我们的日常生活里，吃饭、穿衣、睡觉，处处都有佛法。

既然衣食住行的生活是每一个人都免不了的，那么，我们如何从衣食住行中去了解佛法？

在穿衣方面，一般人大都很重视衣着的华丽，你看百货公司里，五彩缤纷，各色各样，极尽其奢侈的名牌，但是，这些只能装饰外表。外表是虚假不实的，一个人身上穿着丝织绸缎，内心却装满着贪瞋愚痴，这种人只是虚有其表。佛教告诉我们不能只重视外表的装饰，更应重视内在净化的充实，一个心里充满慈悲和道德的人，即使他身上只有一件粗布外衣，也不会减轻别人对他的尊敬；因为内在的美，如山谷的幽兰，洋溢着阵阵芳香，使人心情怡悦。所以，一个学佛的人，不必过度重视外表的衣着，用华丽的衣着来装饰自己，必须注重内心的修持，用高尚的气质，以道德的修养，来庄严自己。

人的身体是四大和合的假体，没有真我可得。但是，我们要修行，必须借用这假合的色身，一旦失去了身体，则没有修行可言，所以，虽是假合的躯体，仍然要滋养它，即所谓“借假修真”。

知道了“借假修真”的道理，在吃的食物上就不会计较它的好坏，斋堂五观想中的“正事良药，为疗形枯”，说明饮食如药物，只为了滋养色身，难道一个病人还能计较药品的甘美苦口吗？佛在世时，规定弟子托钵乞食，不另营食事，就是这个道理。

我们对于“住”应抱持怎么样的态度呢？俗话说：“日食一饱，夜眠一床。”不论是高楼洋房也好，茅棚小屋也罢，一个人躺下来不过 3 尺宽 6 尺长的一席地，人生又何必汲汲于为住而苦恼呢？

明朝开国君主朱元璋，小时候曾在皇觉寺当沙弥。相传有一次朱元璋外出，回寺时夜已深了，寺门已经关闭，不得已只好在寺外席地而睡。当他躺在地上，望着夜空满天星斗时，兴之所至，吟了一首诗，曰：

天为罗帐地为毡，日月星辰伴我眠；

夜间不敢长伸足，恐怕踏破海底天。

朱元璋当时虽是个小沙弥,但是从这首诗里,可以看出他的胸襟,以天为罗帐,以地为毛毡,日月星辰伴我安眠,夜里还不敢把脚伸长,只因为怕踏破了海底的天空。这是多么洒脱超然的境界,其气魄真不同凡响。

因此,胸襟宽阔的沙弥,虽然席地而卧,却有法界在我一心的感觉;而一个度量狭小,不满现实的人,即使住在摩天大楼里,也会感到事事不满意。所以,一个学佛的人,要先扩大自己的心胸,将佛法应用在生活上,则不论居住在何处,每一个时辰,每一个地方,都会感到称心如意,生活愉快。

慈航法师遗书说:"只要自觉心安,东西南北都好。"既然如此,宇宙之间,又有何处不可安身呢?

再提到"行"的问题,只要有一颗"真心",自然可以畅游法界虚空。从前,只有自行车的时候,人们都觉得自行车比走路快得多;当汽车在马路上奔驰时,人们又觉得自行车太慢了;到了飞机在天空中翱翔时,大家又嫌汽车的速度不够了。世界上的交通工具有哪一样才是绝对的快呢?那就是我们的"心"。

《阿弥陀经》云:"从是西方,过十万亿佛土,有世界名曰极乐。"过十万亿佛土远的世界,如何能去得呢?"于一念顷,即得往生。"在一念之间,我们的心就可以抵达极乐世界,可见心的妙用,是多么不可思议。

一个信仰佛教的人,最重要的是把握自己的心,驾驭自己的心;唯有用心去体会佛法,将佛法用诸日常生活,这种生活才是最幸福、最快乐的。

二、佛教的处世生活——人我相处上的佛法

（一）从四摄法上谈人我相处

所谓四摄法，即布施、爱语、利行、同事。我们与人相处，首先要时常布施结缘。有些人认为自己没有钱财，也不会说法，如何布施、如何与人结缘呢？其实，走在路上，与人碰面了，给人一个微笑，或是一个点头，就是布施；开口问一句“好”，道一声“早”，用嘴巴说一些关怀别人，慰问别人，给人欢喜的话，这些都是布施。

假如对人微笑，笑不出来；跟人点头，不太习惯；关怀、慰问，说不上口，也没关系，总有一颗心吧！当别人很有礼貌、互道安好的时候，心里要欢喜；当别人布施、做好事的时候，也要欢喜，这就是心的欢喜布施。

不过，有些人天性愚痴，习气难改，听到有人说好话，心里就不欢喜，还会不屑地说：“这个家伙就是一张嘴，只会在表面上奉承，说好话。”看到有人出钱做功德，就说：“他就会打肿脸充胖子，自己的生活都难过了，还拿钱布施，充当好人。”如果看到别人钱出少了，又说：“吝啬鬼！钱财那么多，只出这九牛一毛，有什么了不起！”总之，不论别人怎么做，他就是不欢喜，连“随喜”的布施都不肯施舍。

所以布施的功德，在日常生活上是非常容易的，随口的布施，随手的布施，随意的布施，随喜的布施，随心的布施，不需要花很多本钱，随时随处可以做功德。

人间佛教所提倡的佛法并不是精辟深奥的道理，而是生活上大家都能做得到的。譬如上述的布施功德，只要在日常生活中多

用心思,切实去奉行,相信一定能够处处如意,人人有缘。

除此之外,还有爱语、同事、利行。所谓爱语,对别人说几句好话,用鼓励代替责难,用爱语帮助他人,莫要说话像刀剑一样,刺伤别人,让别人难过。所谓"同事",是能设身处地和对方一样,譬如:对方是个军人,和他谈商业,他不会感兴趣;对方是一个家庭主妇,和她谈政治,她也不喜欢。必须能够设身处地为对方设想,对方需要什么,就针对他的需要来讲说佛法。另外还有"利行",就是尽自己的能力,去做有利于他人的行为,凡事只要把握"真心为人"的原则,以诚恳、欢喜的心,事事就能够做得恰到好处。

(二)从六和敬里谈人我相处

在佛教里,将出家人称为"僧伽",即"僧团"之意,又叫"和合僧"。所谓"和合僧",是指僧众在真理与行事方面都能和谐相处的意思。六和敬的意义如下:

1. 见和同解:就是思想的统一。在佛教里,大家讲究对佛法要有共同的认识,以佛法为行事的最高标准,不可越离轨道。

2. 利和同均:就是经济的均衡。在社会上,有钱的人要帮助穷困的人,有力的人要扶助弱小的人,让大家都能过安稳、舒适的生活。

3. 戒和同修:就是法制的平等。在生活中,个人不可拥有特权;在法制规章之前,应该人人平等。大家养成奉公守法的习惯,过着公平合理的生活。

4. 意和同悦:就是心意的开展。平时养成心胸的开阔和心意的和谐,不要比较人我得失,不要计较是非利害;心意的和悦才是天堂净土。

5. 口和无争:就是语言的亲切。人与人相处的不悦、误会等情况,大都是从言语上引起的。因此,说话恳挚,语气委婉,才能够和平相处。

6. 身和同住:就是相处的和乐。大家有缘相聚一处,讲求和谐快乐,你帮助我,我帮助你;你尊敬我,我尊敬你;平等的共居,平等的生活。

“六和敬”虽是僧团的生活守则,在家居士如果也能以思想统一、经济均衡、法制平等、心胸开阔、语言亲切、相处和乐等方法用诸日常生活中,就能拥有真正清净和乐的佛化生活。

(三)从四众弟子中谈人我相处

佛教有出家男女二众与在家男女二众,称为“四众弟子”。出家众和在家众,男众和女众都同样重要,应该互相提携,相辅相成,不能彼此轻视,互相排挤。

在一座古老的寺庙中,住着一位师父,带着两个小徒弟。师父患有风湿病,两腿行动不方便,每天分由两个小徒弟捶腿侍候。每次当大徒弟在捶右腿时,师父就说:“你师弟捶左腿,捶得很舒服呢!你应该像他那样捶才好。”大徒弟听了,心里很不高兴。当小徒弟捶左腿时,师父也总是说:“你师兄捶右腿捶得很好噢!你应该向他学习。”小徒弟听了,心里也很不舒服。

有一天,大徒弟来捶腿,心里想着师父对师弟的赞美,越想越气,心想,我如果把师弟捶的左腿打断,师弟没得捶,师父就不会说他好了。师弟看他捶的左腿被师兄打断了,一气之下,也把师兄捶的右腿打断。

两个徒弟因瞋恨、嫉妒,把师父的双腿打断了,害得师父变成没有腿的残疾人。这个故事说明佛教里的出家、在家二众,如果不能互相协调,出家人看轻在家人,在家人卑视出家人,佛教就无法兴盛。

一只手有五根手指头,每一根手指头长短不一,分开来每一根力道都很小,容易折断;如果把它合起来,成为一个拳头,就有很大的力量。在佛教里,寺院与寺院之间,僧众和信众之间,要互相往来;不论参禅、念佛、修密,互相尊重;出家人和在家人要共同为佛教效力。在佛教的大前提之下,大家是一师一道,应情同手足,互相照顾。尽管从这个寺院参访到那个寺院,从这位师父请教到那位师父,师父虽不同,但佛法是一样的。心地开阔,胸怀坦荡,内心不起分别心,所谓依法不依人。大家和平相处,团结合作,才能发挥佛教全体的力量,才是今日佛教复兴的重要关键。

三、佛教的精神生活——思想见解上的佛法

(一) 从八正道中谈思想见解

精神,是一个人的思想见解,一个人的内心认识。学佛的人,应拥有怎样的精神生活?必须以八正道作为生活的准绳,而八正道里又以“正见”为首要,有了正确的思想见解,才能过着真正富足的精神生活。

“正见”像一部“照相机”,拍照焦距不准确,洗出来的照片就会走样。同样的,我们看世间上的人、事,和世间上的各种道理,如果思想的“焦距”调不准,世间上的一切事物就会变质。

我们常说“我以为……”“我的意见是……”“我认为应该……”，其实，每一个人的见解，都有偏差的时候，唯有佛陀的见解才是正确的。佛陀教导我们要有四种正见，即：(1)有善有恶；(2)有业有报；(3)有前生有后世；(4)有圣人有凡夫。这四种正见是如实理、如实解、如实见、如实证。我们对于佛陀不起怀疑，对于因果义理有肯定的认识，这就是我们的正见。

有人说：“我念佛念了几十年，可是却越念佛越贫穷。”说这种话就是没有正见。佛陀又不是我们的财神爷，也不是我们的经理、会计，他怎么能替我们管钱呢？再说，念佛是要求往生净土，怎么跟佛陀计算起钱来呢？又有人说：“我吃素信佛了几十年，身体却越来越不好，生意也越来越潦倒。”这种想法也很怪异，身体不好应该看医生，平时不注重运动，不注重营养，不注重修持，身体怎么会好？至于生意潦倒，自己不善于经营，不勤劳，不奋斗，事业怎么能顺利呢？还有一些人，信了佛教以后，把所有不如意的事情都归罪于佛教，这都是不正见而愚痴的思想。一个有正见的佛教徒，为了信仰，即使牺牲生命，也在所不惜，这才是根本的正见。

（二）从高僧行谊中谈思想见解

隋朝提倡三阶教的信行大师，曾经搬到一个山坡上去居住。有人问他为什么？他说因为那里太陡了。过去的车辆都是用推的，或是用拉的，到了那个山坡，常常进退两难。信行大师每天于礼佛之余，就在那里帮人推拉车子。由于他有服务众生的思想，常常在服务、助人的生活中获得快乐。

唐朝百丈禅师提倡“一日不作，一日不食”的生活原则。他每天一定要工作之后才吃饭,后来年纪大了,身体衰老了,弟子们不忍心他终日辛劳,遂把锄头、工具等收藏起来。老禅师找不到工具,竟终日不吃饭,弟子们不得已,只有把工具拿出来还给他。百丈禅师认为在工作中才有快乐。

唐朝智实大师德高望重,闻名遐迩。一日,唐太宗请他吃饭时,将道士的座位排在前面,出家人排在后面,智实认为不妥,不肯就座。太宗一气,把他放逐到边疆受苦。有人认为智实太不自量力了,智实说:“我所以竭力争取,乃要让后人知道唐朝有出家人啊!”

智实大师为了佛教的地位,不惜冒犯皇帝,据理力争,是因为有信仰的力量在支持他。

历代的高僧大德,甚至民族英雄,为了真理,可以不计个人的成败得失,事事只求心安理得。所以,一个信佛的人,在日常生活中,凡事要求其心安,仰不愧于天,俯不怍于人,这就是正确的思想见解。

(三) 从修养深浅中谈思想见解

一个对佛法有基本认识的人,要有虽苦犹乐、虽难犹易、虽无犹有、虽死犹生的思想。一个对佛法有真正体验的人,在他的心目中,苦和乐不是两个,难和易不可分开,有和无没有区别,生和死本是一体。

有一位在家居士请教智藏禅师,问道:“有天堂和地狱吗?”

禅师点点头,说:“有啊!”

居士再问:“有因果报应吗?”

禅师说:“有啊!”

又问:“有佛、法、僧三宝吗?”

禅师答:“有啊!”

不管他怎么问,禅师总是回答:“有啊! 有啊!”

这位居士听后,觉得很怀疑,再问禅师:“禅师,以前我在径山禅师那儿,我问他一样的问题,他都说:‘无! 无!’为什么禅师您却什么都说:‘有啊! 有啊!’?”

智藏禅师听了,微笑着说:“我问你,你有老婆吗?”

居士回答:“有!”

禅师又问:“你有儿女吗?”

居士答:“有!”

禅师再问:“你有田产房屋吗?”

居士答:“有!”

禅师换了一个方式,又问道:“径山禅师有老婆吗?”

“没有!”

“有儿女吗?”

“没有!”

“有房地产吗?”

“没有!”

禅师于是说道:“这不就对了吗? 径山禅师讲‘无’,是讲他的境界,我回答你‘有’,是讲你的世界。”居士听后恍然大悟。

一般人总喜欢把苦和乐,难和易,分得很清楚,因此,苦的时候难过,乐的时候欢喜;有收获的时候雀跃鼓舞,困难的时候伤心颓丧。假如一个人能够把这些相对的观念调和厘清,不偏激、不极端,那么即使是生也好、死也好、苦也好、乐也好、难也好、易也好,不相妨碍,这就是洒脱自在的生活。

佛陀说法 49 年,目的是要将他所悟得的真理遍告世人。佛法的真理在何处?就在世间的衣食住行上,就在人我的处事经验上,如果能将佛法付诸生活上实行,则能一生受用无穷。

1975 年 4 月讲于台北志莲精舍

佛教与生活(三)

佛教和我们的生活息息相关,在生活里俯拾即是。
无论是感情、经济、处世、道德等各方面,
如能将佛法落实、融入其中,
才是真正的"佛教生活化"、"生活佛教化"。

佛教界的人士,不论是出家的大德法师,或是在家的居士信徒,常常将佛法与生活分开,就是出家几十年的长老法师,有时候语言、行为、思想、观念,都和佛法的实践法门未能完全相应,在日常生活中,不能把佛法表现出来。因此,佛教与生活是一个学佛重要的课题,以下分三点来讨论。

一、净化的感情生活

在我们的生活当中,感情占有很重要的分量。人,又叫作"有情众生",是以感情来维持生命的。在佛教里,大家一向排斥感情,认为一讲到感情,就是罪过,就是不可原谅。其实,佛法很重视感情,只是我们要把感情净化。如何净化感情?要以慈悲来净化感情,以智慧来引导感情。佛教常说佛陀是一个大觉者,其实,佛陀就是一个有大感情的大智大觉的人。

在社会上,感情有很多种,夫妻有夫妻的感情,父子有父子的感情,兄弟姊妹有兄弟姊妹的感情,亲戚朋友有亲戚朋友的感情。感情维系了社会伦理,维持了家庭和乐的生活,不过,也由于离开不了感情,所以有些人在处理感情生活时无法尽善尽美而常常产生问题,可以说,感情为人们带来欢乐,也带来烦恼。我们应该如何净化感情呢?

(一) 从占有到奉献

感情是自私的,俗语说:"感情像眼睛,容不了一粒细沙。"连3岁小孩子对母亲的感情也往往不容许别人来占有,夫妻间的感情更不允许第三者的侵入。因此,当感情受到外人侵犯时,就会发生许多问题。

其实,真正的感情应该不是占有,而是一种奉献。但是,一般人却不容易做到,总是用嫉妒的心理来拥有感情,甚至用一种永不满足的态度来争取感情。这种感情并不纯洁,真正的感情应该从奉献中获得,因为用奉献的态度获得的感情才是最崇高的感情。

有位先生经营事业,处处顺利,在钱财积聚丰富,社会地位提高之后,他开始金屋藏娇了。他的太太知道先生在外面有了外遇,内心非常烦恼,每次先生回来,她总是板着脸,不是抱怨就是嘲讽,这样一来,先生更加不肯回到冷酷的家里,夫妻俩的感情愈来愈恶化。

有一天,这位太太哭哭啼啼地把这件事情告诉我,问我该怎么办?我对她说:"我有一个办法,如果你能够奉行,应该可以使你们夫妻恢复原来的感情。”

“师父，您讲的话我怎会不奉行呢？请您指示吧！”

我告诉她：“你知道丈夫有了外遇，第一，不可揭穿他的秘密，要装作不知道，因为你一揭穿，先生老羞成怒，一不做，二不休，问题就更难解决了。第二，每天当你先生回来时，你要比平时更加尊重他、照顾他。女人要赢得男人的爱情，顺从是最重要的。你要对他更加体贴、更加贤惠，让他慢慢觉得外面的女人没有自己太太那么善解人意。时间一久，他自然慢慢回心转意。如果你只是恨他、怪他，事情只有更糟，你越是怨恨，问题越不容易解决，因为用爱才能赢得爱。”

这位太太听了我的话以后，确实照做了，结果也很圆满。她的先生本来对佛教没有好感，与佛教界不相来往，后来渐渐地欢喜与佛教接近了。原本这位太太常常在先生面前表现不满、埋怨、唠叨，让先生觉得回家没有快乐可言，终于在外面另筑香巢。后来这位太太的态度转变了，她以温柔相待，又细心地照顾先生的生活起居，让他觉得“家”是个温暖可爱的地方。所以感情不是用怨恨可以得到的。只有奉献自己、牺牲自己，才可以获得最宝贵的感情。当夫妻之间有了这一类问题发生时，无论丈夫也好，太太也好，不妨宽宏大量地说：“我爱你是为了给你幸福，既然你爱别人，在别人那里你才幸福，那你就去爱他好了，我不计较。”你如果能不计较，反而会胜利，会有意想不到的结果。

有一位青年朋友，因为情场失意，悲伤难过，想要自杀，甚至发狂要杀人。当时，我曾去看他，要他冷静一点，并且念一首《中央日报》副刊上的小诗给他听：

天上的星星千万颗，

地上的人儿比星多；

傻人儿，

为什么自杀只为她一个？

世界上的众生这么多，难道都不值得爱吗？何必苦恼只爱她一个人呢？

这位青年后来也想通了，奋发向上，终于成为一个有为的青年。

一个人想要占有才去爱别人，往往容易陷于苦恼；如果能以“奉献”的态度去爱别人，就容易获得快乐。所以，想要赢得真正的感情，“奉献”是最好的妙法。

（二）从多情到无情

一般人对佛教的看法，总认为佛法是寡情、是无情的。在寺院里，也常常看到这样的对联：“莫嫌佛门茶饭淡，僧情不比俗情浓。”这两句话是说不要嫌弃佛门中没有人情味，僧情虽然没有俗情的浓厚，但是，从寡情里面磨炼出来的另一种净化的感情，是更耐人寻味的。

唐朝的从谏大师，河南南阳人，中年出家，出家以后，20 年中不曾回乡探亲。有一天，一位年轻人前来问道：“请问师父，这儿是否有一位从谏大师？”

“你找他做什么？”从谏心里虽有点讶异，却从容地问道。

年轻人说：“他是我的父亲，他出家 20 年了，我还没有见过他，我是来看我父亲的。”

“你父亲住在那边。”从谏顺手一指，径自离开了。

年轻人顺着从谏所指的方向去寻找，当然他没有找到，路旁的人告诉他，刚才那个人就是从谏大师。他飞快地奔回来，从谏已经走远，不见人影。

从谏看起来好像是个绝情的人，其实，他的内心有一股热烈的亲情在燃烧，只是他默默地把它埋藏在心里。因为从谏曾经听说他俗家儿子，因父亲出家，自己也信仰了佛教，并且经常从事各种慈善事业，如布施、修桥、铺路等有益于社会大众的事。大师心里觉得很安慰，但是又怕以后牵缠越来越多，所以拒绝了儿子的探望。这种感情，是关心在沉默里，关心在未来里，是一种最崇高、最真挚的感情。

有名的近代才子，多才多艺的弘一大师，俗名李叔同，出家前曾结婚生子，出家后居住在杭州虎跑寺。有一天，他的日本太太带了儿子来找他，在寺院里，只隔了一道门，弘一大师不肯出来相见，说话声也怕她听到，只差人出来传话，说道："过去的李叔同已经去世了，希望不要再以他为念。"这位太太深知无法挽回丈夫的心，便把儿子送到北平给他的一个兄弟抚养，自己回去日本了。

弘一大师对待妻儿是这么的寡情，可是，他真是这么寡情的人吗？弘一大师对于佛教、对于众生充满了无限的关怀，无限的悲愿，他为佛教做下了许多事业，给人间留下了多少温暖，这种表现是真正寡情的人所做不到的。

（三）从有缘到无缘

一般人只对有缘的人、自己喜欢的人好，往往倾其所有，也在所不惜，把感情托付给他，甚至身心生命都可以全交给他。一个学佛的人则要有“无缘大慈,同体大悲”的精神,对待众生要从“有缘”的感情做到“无缘”的感情。对方待我不好没关系,只要有意义、有价值,都应该平等施予欢喜,施予关怀,不必计较利害得失。

身为父母者,对自己的儿女百般爱护,所谓“养儿防老”,他们施予子女慈爱与关心,也希望将来子女能奉养自己,为自己养老送终。但是,如此的期待不一定能够得到效果,社会上就有不少忤逆不孝的子女弃养父母的事例。

现在有一种奖学金制度,奖励在学的贫苦青年,不论相识与否,只要符合领奖的条件,都可以申请,钱数虽不多,受惠者却常常感恩不尽,甚至视之如再生父母,念念于报答恩惠。俗语常说:“有心栽花花不开,无意插柳柳成荫。”因此,我们不要把感情用在少数人的身上,不要局限于自己所认为的“有缘”。应该扩大心胸,视一切众生都是我们的父母兄弟姐妹,学习观世音菩萨的“千处祈求千处应,苦海常作渡人舟”,谁有困难,即施恩惠给谁,这就是菩萨的精神。

昔时南印度有一位贤惠的女人,名叫银色女。她不但品貌端庄,待人亲切,更是一个有智慧、有勇气的女人。

有一次,她从远方回家的途中,遇到一户贫穷的人家,家里只有一位产妇,她刚产下一个男婴,这小孩儿相貌长得很好。可是这位贫穷的少妇,却双手颤抖地抱着小孩,面露痛苦,泪眼婆娑。

银色女刚好从这贫妇门口经过,看到这情形,奇怪地探首问道:“你有什么困难吗?”

产妇说:“我……我饿得快……快要死了……”

银色女同情地说:“我去张罗食物给你吃!”

产妇说:“来不及了,我想……想……吞下这……小小孩儿……

充……充饥……”

银色女大惊，说道：“这可使不得，难道除了小孩儿，没有别的东西可吃吗？”

产妇叹一口气道：“没有了！”她双手仍紧紧抓住小男孩儿。

银色女心里下了很大的决定，在房子里搜索到一把利刀，走到产妇面前，撩起衣服，毅然地把两只乳房割下来，拿给产妇充饥，并说道：“你暂且吃下这些，我马上回去拿食物来，免得你再受饥饿之苦。”

银色女回到家中，家人看到她那一副血肉模糊的样子，都被吓坏，问道：“谁伤害你的？”

银色女安然无事地说：“是我自己做的，我为了救那个产妇和她的小孩儿，忍痛割下双乳。虽然我失去了双乳，却救了他们母子两条命。”

银色女的作为，充分发挥了菩萨的精神，她从自己喜欢的“有缘”人，做到救济那贫困、不带亲情无缘的人。所以，一个人的感情，不必施舍于限定的某些少数人，尤其是学佛的人，更要有“人饥己饥，人溺己溺”的大慈悲精神，发挥情感的极致，与众生同体，这就是净化的感情生活。

二、合理的经济生活

“感情”在生活里占有重要的地位，“经济”在生活中更是不可忽视。所谓“爱情与面包”，孰重孰轻？其实两者均不可或缺。“人为财死”的事例屡见不鲜，常有人说：“只要给我钱，我什么事都肯干。”在金钱的诱惑下，什么贪赃枉法的勾当都做得出来，甚至为了钱财，朋友可以反目成仇，兄弟也会变成冤家；而“贫贱夫妻百事哀”，没有钱的人生真是事事难过。可见“金钱”在人的生活中占有多重要的地位。

在日常中应该如何安排一个合理的经济生活？

（一）从贫穷到富有

说到钱财，并非人人都能拥有很多钱财，“有钱要有有钱的命运”，“用钱要有用钱的福报”，一个没有福报的人，即使给他再多的钱财，他也无福消受。

佛教常教人要修福报，没有福报，到手的钱财还会再失去。循着正当的途径，努力耕耘，脚踏实地去经营，所获得的才是最可靠的。

佛陀有个大弟子叫迦旃延，他在诸弟子中是论议第一。有一次，迦旃延出外托钵，遇到一个贫穷的老太婆，随即上前说：“老婆婆，我是来托钵的，请你布施一点给我好吗？”

老太婆皱皱眉道：“我穷得连饭都没有得吃，哪里还能布施给你呢？”

“你说你很穷，那么你把贫穷卖给别人好了。”

“什么？贫穷可以卖？卖给谁？谁要买呢？”

“我要，卖给我吧。”

“卖给你？可是我怎么卖呢？”

“你要布施，布施就可以把贫穷卖出去。”

迦旃延于是教老婆婆布施一钵水给他，为她种下未来的财富。

一个人想要发财，并不是凭空妄想就可以得到，佛法告诉我们发财的方法就是布施，唯有布施才是发财的正确途径。可是，有些人一听到布施，就面有难色，裹足不前。其实，在佛法里面，布施是很容易做到的，只要对佛法有认识，虽然身在贫穷之中，也仍然可以布施，也一样可以过富裕的生活。

1949年，我从大陆来到台湾，仅有的一个包袱，在兵荒马乱中遗失了，身上除了一套衣衫、一双鞋子，什么都没有，真是“身无长物”。走在路上，发现路人都朝我脚上看，原来乡下地方的人都赤着脚走路，我为了怕本省的同胞觉得奇怪，就赶快把鞋子也脱下丢了，和他们一样打赤脚。后来，我又把仅有的一件长衫也送给煮云法师，这样孑然一身，了无挂碍。

最初，我想到台北某一寺院去挂单，可是一到那儿，他们告诉我已经人满，没有地方住。当时，外面雷雨交加，很多低洼地方积水漫过膝盖，我冒着大雨走向台北另一座寺院，没想到在路上摔了一跤，跌到水沟里，全身湿透，还被水冲了一段路，真是“屋漏偏逢连夜雨”。又到了另一座寺，当家师告诉我：寺里大法师交代，不接受外省人挂单。这下子根本没有地方可以再去了。那时，我饥寒交迫，身心疲惫，又没有地方可去，只好在那个寺院的大钟下屈睡了一个晚上。

翌日，茫茫然的，最后想到不如去基隆，找一找过去的同学。可是人地生疏，路又不熟，当我辗转找到了那座寺院时，已经下午1点多，寺里有人问我：“吃过饭没有？”

我说：“不只中饭没有吃，从昨天中午到现在粒米未进，滴水未喝。”

我的同学看到我，说：“赶快先到厨房吃碗饭吧！”

但是,就在那时,另外一个人说:“某老法师交代,我们自身都难保,还是请他们另外去想办法好了。”

也难怪他们,在社会动荡、人心不安的时候,谁也顾不了谁。我看看他们,心想这地方也无法住下去,正想离开,有位同学过来招呼我,叫我等一等,他自己拿钱去买了两斤米,煮了一锅稀饭给我们三个人吃,饭碗端在手里,我两只手还不停地发抖!吃罢稀饭,眼看只有告别而去。前路茫茫,人生地不熟,只有走到哪儿算哪儿。

后来,我到了中坜圆光寺,住持妙果和尚非常慈悲,他收留我们。当时,我感激涕零,下定决心替常住效命。老和尚叫我当老师教书,我心里想:一个逃难的人,奢想当什么老师?只要有地方住,什么粗活苦工我都不会推辞的。就这样,我在妙果老和尚那里一面教书,一面做事情。那时,该寺有将近100位的住众,每天所需的水,都要从井里一桶桶打上来,平均每天最少要600桶的水才够用。我每天毫无怨言地在井边打水,只希望多打一些,供应大家充裕使用。

除了打水供应大众,我每天一早还要拖着手拉车到镇上买菜。从寺里到镇上市场约有10里多路程,我拖着车子,走在黄泥土的路上,天上繁星点点,树梢微风轻拂,大地一片沉寂,只有远处偶尔传来几声狗吠,划破宁静的夜空,此时,我心里非常平静,默念着观世音菩萨的圣号,伴着滴滴答答的木屐声。常常我到了市场,卖菜人家还没有起床,几经叫唤,买妥了果菜,我又拖着沉重的车子,踩过黄泥路,回到寺中。

如此日复一日,我在妙果老和尚那里住了两年。身上只有一件小褂，脚上只有一双木屐。

那时，我虽然什么都没有，甚至要一支笔、一张纸写文章都得不到，但是，我却不曾感到自己贫穷，也不曾感到苦恼，相反地，我觉得自己很富有，自己拥有的非常多。

在我的观念里，一个人不必以拥有很多物质为满足。天上的日月星辰，其数无量，可以供我们自由欣赏；宇宙自然界的花草树木，争妍斗丽，可以供我们随意观看；东西南北的道路，任我们奔驰；士农工商各类阶层，随我们交往。我感到自己拥有三千大千世界般的富有，这就是我“富有”的妙方。

一个人想要富有，唯有从内心着手，因为外在的物质追求，永远没有满足的时候，人的欲望是永无止境的，若一味地在物质上追求，则内心将时常感到空虚，唯有心里的财宝才是丰裕、无限的，因此，我们应该向内心追求财宝。什么是内心的财宝？“真如佛性”是我们内心的财宝，佛法讲“如来藏”，就是说众生心中藏着如来。如来，才是我们最珍贵的稀宝。

（二）从毒蛇到净财

一般人都以为佛法轻视财物。有道的人不肯讲钱，他们认为一讲钱，嘴巴就肮脏了，“要贫穷才算有道”，其实，富贵又何尝不能有道呢？有人认为“黄金是毒蛇”，但是若运用得当，黄金不也是成就道业的资粮吗？黄金不也就是弘法的“净财”吗？

《阿含经》上说：有一次，佛陀带着阿难出去行化，忽然在路上看到一块黄金。佛陀说道：“阿难，你看到吗？那儿有毒蛇。”

阿难朝黄金看看，回答佛陀：“是的。佛陀，我看到了，那是毒蛇。”

说完两个人就走过去了。

这时,在田里工作的父子俩,听说有毒蛇,就过来看看。当他们一看,是一块黄金!“哪里是毒蛇?刚才佛陀和阿难把它看成毒蛇,真是大傻瓜!”父子俩欢喜地说着,就把黄金带回家去了。

当时,印度的法律明文规定,百姓不准私藏黄金。这块黄金是被人从国库里偷出来而遗落在路上的。经过调查,这父子俩嫌疑最大,终于被治罪关进了牢狱。

父子俩为了一块黄金而被关在狱中,这时他们才觉悟佛陀所说的话。父亲回想着当日的情形,不禁喃喃自语道:“果然是毒蛇,不是黄金。”

儿子看着父亲,也若有所悟地说:“确实是毒蛇!”

但是,黄金也可以成为净财,因为贫穷才是罪恶。

今日中国佛教界,待我们去兴办的事业有多少?如果没钱,能够成办事业吗?例如重要的佛教教育事业,人才须靠教育来培植,如果没有钱,教室哪里来?教师怎么聘请?学生生活费用怎么办?总之,处处都要钱,有钱才能建最好的校舍,聘请最贤明的老师,甚至可以发放奖学金给学生,让他们安心求学,自然学有成就。一批批人才出来,自然能弘法度众,为佛教创办各种事业;只有佛教的事业兴盛,大众学道的资粮丰富,佛教才能发扬光大,造福众生。所以将“毒蛇”化为“净财”,对佛教的益处很大。

(三)从邪命到正命

我们希望佛教人士发财,但不是用邪命方法发财,什么是邪命？就是不合理的经济生活。凡经营不正当的事业，都是邪命的生活。譬如开酒家、开赌场、卖钓鱼器具、卖打猎的猎枪，或者是算命、卜卦、看相等都是邪命的谋生方式。佛教不提倡看风水、择日期，《佛遗教经》曾指示佛教徒不应去仰观星宿、推算命运，因为这些都不是合乎因缘法的正命，都是佛法所不允许的。

印光大师在普陀山一住多年。后来，日本军队侵华，有一位住在香港的在家弟子，有一座宽大豪华的别墅要供养他，请他到香港弘法。

印光大师看看因缘成熟，便想前往，但当他知道那位信徒是经营酒厂的，随即决定不去，并告诉这位弟子："你要我去，你就不要卖酒，因为卖酒不是正命的事业，我不能接受你不净的供养。"

佛法虽然准许我们经商办厂，做各种事业，但是伤身害命、迷惑人性的事业是不准许的。在八正道中有"正业"和"正命"两种，就是告诉我们，作为一个佛教徒，必须从事正当的职业，过正当的生活。

有了正当的职业和正当的生活后，若钱财有盈余时，该如何处理？佛法指示我们有几种处理方法：(1)要供养父母师长；(2)要让妻子儿女过着快乐的生活；(3)要扩建正当的事业；(4)要有一些储蓄，以备不时之需；(5)要布施、救济，以造福人群，广结善缘。各项的比例，大约如下：供养父母师长 2/10，妻子儿女的生活 4/10，扩建事业 2/10，储蓄以备不时之需 1/10，布施、救济、做功德好事 1/10，这是佛教教人处理钱财的方法。

社会上有很多富有的人，他们不知道布施种福田，也有一些贫穷困苦的人，却为了面子而强作金钱布施，这些都不是佛教所希望的。有些夫妻由于不合理的布施，导致家庭失和，譬如先生或妻子信佛以后，经常到寺院发心，布施做功德，却不管家里的生活，促使家庭失去平衡、快乐，这是不合理的布施。

布施，要在不自苦、不自恼的情形下实践，布施不一定要用金钱，只讲金钱的布施也是不合理的。有些信徒很发心，跑这个寺院，布施一点，跑那个寺院又布施一点。有一天，金钱没有了，哪里也不去了，因为“钱用完了，没有钱不好意思到寺院去”。这种信佛的态度是不正确的。信佛不一定要用金钱布施，比金钱更重要的，是心香一瓣，随心、随力、随喜的布施才是最重要的。信佛要真实，不必打肿脸充胖子，更不能为了信仰而导致家庭分裂，这在佛法来讲，都不是“正命”的生活。

三、正觉的道德生活

在人生旅途中，每一个人都应该过着正觉的道德生活。什么是正觉的道德生活？以下分三点来解说。

（一）从信仰到实践

一个人对佛教产生了信仰之后，必须将佛法实践于日常生活中。有些佛教徒，虽然有信仰，却不能实践，如佛法教我们要慈悲，可是有些人内心仍然充满瞋恨、嫉妒；佛法教我们要布施，可是有些人仍然悭贪成性，不肯喜舍；佛法教我们要正业、正命，从事正当的工作，过正当的生活，可是有些人仍是以赌吃玩乐为业。

南北朝梁武帝是一个信仰虔诚的佛教徒，他更热心于佛法的实践，在位 48 年，以佛法治国。他造金银铜等佛像，建爱敬、智度、新林、法王、仙窟、光宅、解脱、开善等寺；设无遮大会，供养僧众，数次舍身同泰寺，甘心以佛奴自居；又常搜求佛典，整理经籍；定所居之处为“净居殿”，勤修戒行。梁武帝的信佛，可说从信仰做到了实践，把佛法融合在日常生活之中。

佛陀在世时，须达长者信仰佛教以后，发心行大布施，以黄金铺地购得祇陀太子的花园，兴建精舍，请佛陀说法，让佛陀在北方印度有个弘化的根据地，因为须达长者对于佛陀的虔敬以及供养佛陀的喜舍心，因此受到举国上下的敬仰。

须达长者有位儿媳妇名叫玉耶，长得姿容秀色，楚楚动人，可是却自恃美丽，对公婆忤逆不孝，对丈夫、亲朋亦常轻慢侮辱。须达长者无可奈何，只好将不孝媳妇的行为禀告佛陀。佛陀慈悲，亲临长者家开示玉耶。玉耶听了佛陀的教化，感动流泪，忏悔过去的无知，从此善尽妇道，不起骄慢愚痴之心，又接受六重二十八轻戒，发愿生生世世做一个佛化家庭的优婆夷。须达长者、玉耶女可说是一个信仰虔诚，勇于实践的在家佛弟子。

《维摩诘经》也告诉我们，维摩居士在生活中实践佛法，虽然身为在家弟子，却常奉持清净戒行；虽然享有富贵荣华，却不为物欲所牵引，这些都是在家弟子实践佛法的典范。

从信仰佛教到实践佛法，方法很多，诸如受三皈五戒、受菩萨戒、行持菩萨道，每天固定的修持功课，念佛、诵经或打坐，进一步如弘法度众、成就大众的道业等都是。

（二）从利己到利人

在大乘佛教中，菩萨发心先为众生后为自己，所谓“但愿众生得离苦,不为自己求安乐”。阿弥陀佛在菩萨位时,所发四十八大愿,愿愿为了有利于一切众生。地藏王菩萨“地狱不空,誓不成佛”,其利人的精神,可见一斑。

一般社会上对于利己与利人,可分为四种:(1)利人不利己;(2)利己不利人;(3)人己都不利;(4)利己又利人。利人不利己的事情,除非菩萨发大心,否则少之又少。在佛陀的本生事迹中,有割肉喂鹰、舍身饲虎的故事,是利人不利己的最好典型。利己不利人,可说是最普遍的,一个人生存在世间上,处处都以“我”为前提,以自己的利益着想,譬如邻居同住,将自己庭院的垃圾扫干净,将门前的水沟往两边冲,只要自家门前清洁,脏乱移到别人家去也不管。或者住在楼上的人,夜里打牌、欢笑,常闹到十一二点,从不考虑楼下的人是否能够安眠?这是自私自利、没有公德心的人。第三种“人己都不利”,这是天下最愚痴的人,看那开赌场、开酒家的人,迷惑人性,令人家庭不和,予人最大的不利。反问他本身,造作了恶因,以后自己还得承受恶果。还有制造吗啡、贩毒走私者,亦是人己都不利的勾当。最后一种是利人又利己。有这么一个故事——

一个贫穷的人,拿着唯一的一枚铜钱到店里购买食物,当店里的人接过铜钱一看,发现那是假的,于是将钱退还,不肯把食物给他。穷人听说钱是假的,急得眼泪都掉下来,心想:家里的老母亲又要挨饿,怎么办?正当他伤心难过的时候,一位军人从门外经过,问明了原委,随即拿出一枚钱给他,那枚假铜钱随手就往上衣口袋里放。穷人感激涕零地买了食物回家,军人也随军队上前方作战。

有一天,敌人的一颗子弹射过来,这个军人来不及卧倒,只感到前胸被震了一下，可是并没有受伤，他摸摸全身，从上衣口袋里掏出一枚铜钱，发现铜钱的正中央凹了下去，这时他才明白，原来是这枚铜钱救了他的命。

这就是利人又利己的事情，救人的急难，等于救自己一样。

从前印度有一位国王，名一切施，是个行菩萨道、大慈大悲的国王。不论是谁，只要有求于他，都可遂意，远地的人也都知道有一切施王这么一个人。

在他的邻国，有一个婆罗门子，父亲去世了，只剩母亲和姐姐，三个人相依为命，过着贫穷的生活。有一天，母亲叫儿子去向一切施王求乞，希望得到帮助。

可是，这时的一切施王，正遭遇到最困难的时刻，邻国的国王，残暴不仁，又贪得无厌，他带着大队兵马进攻一切施王的国境，想占据那个城池。

朝中的大臣们，天天为这件事忧愁、思虑，但是，一切施王却像平日般，若无其事地办着事。翌日，邻国的大军开到了城下，城里像没有事般的平静，大军丝毫不受阻，长驱直入，很快地便占有了这个城池。原来一切施王得知大军到来，他为了不让百姓受到无谓的损害，已于前日半夜，留下印绶，换了便装，悄悄地离开王宫，出城去了。他想把城池奉献给邻国，以换取百姓的平安。

贪得无厌的暴王，虽不费吹灰之力得到了一座城池，但为了斩草除根，他出了重金悬赏来捉拿一切施王。

一切施王离开王宫之后，一直往荒郊野外走去，大约走了500里路的地方，他遇见那奉母亲之命前来求乞的婆罗门子。一切施王得知小孩的遭遇后，甚表同情。他也把自己的遭遇说给小孩子听,小孩子很受感动,痛哭流涕,一切施王安慰他,并答应他,满足他的希望。

小孩子很怀疑,心想一切施王身无一物,如何帮助他呢?

一切施王平静地说:“邻国国王正出重金来捉拿我。你可以把我杀了,拿了我的首级去换取重赏。”

小孩子不忍心那么做,一切施王教他割截耳朵或鼻子送了去也可以,小孩子也不忍心,最后一切施王说:“你不肯杀我,也不肯伤我,那么,唯一的办法就是把我捆缚起来,押送过去,总可以吧?”

小孩子年幼无知,觉得这样很好,便照着一切施王的话去做。两个人一起向城里走来,到了城外约 2 里路光景,一切施王叫小孩子将自己缚起来,进入城内。

这时,城中的百姓,看到一切施王被捆缚押着回来,大家都悲伤不已!

有人把一切施王被缚的消息传给暴王,暴王喜出望外,随即命人带进宫里。大臣们看到被捆缚的一切施王时,都伏地痛哭,声音极其凄凉,情景甚为感人,暴王也不由得动心,他问大臣们道:“你们为什么这样悲伤?”

“大王,请您原谅我们的失礼吧!一切施王他不但丢弃了国家和王位,现在更把他的身体生命布施给人,而他一点也不觉得懊悔,他的行为实在伟大,我们被感动得情不自禁!”

暴王听了大臣们这么说,残暴的心渐渐地平息下来。当他听完小孩子叙述整个过程后,深深感动,他跪倒在一切施王面前,把印绶、国土全部归还给他。并且说:“我得到你的国土,但我没有得到你的民心;你虽把一切都甘愿施舍,但你拥有最宝贵的人心。现在我明白了，用暴力获得的东西没有价值，你的国家我还是还给你。”

一切施王终于又平安地拥有了他的国土。先利人，再利己，一切施王是一个典型的例子。一个佛教徒，在学佛的过程中，应该具备大乘菩萨的精神，虽然不能做到利人不利己，至少要能从利己想到利人，即所谓的“自利利他”。

（三）从初心到完成

有句话说：“初发之心，成佛有余。”《华严经》说：“不忘初心。”有一位证得罗汉果的师父带着小沙弥在路上走，小沙弥背着包袱跟在师父后面走。走呀走的，小沙弥起了个念头：“将来我要发心弘法！要广度众生！”走在前面的师父，知道小沙弥发这么大的愿心，心里非常敬佩，惭愧自己从未这么发过心。赶快把小沙弥的包袱拿过来，自己背在肩上，又请小沙弥走在前面。小沙弥不明就里，只照着师父的吩咐做。

当小沙弥走在前面时，心里又想：“我要发心弘法度众，可是，弘法那么辛苦，众生又那么难度，唉！算了！我还是做个小乘人，自己求解脱吧！”才这么想，师父把包袱掼过来，说道：“把包袱拿去！跟在我后面走！”

小沙弥莫名其妙地又背起包袱，走在师父的后面。这个故事告诉我们：初发心很难，要维持到完成更难。

佛陀十大弟子之一的舍利弗尊者，在过去生中曾经发心修菩萨道，行大乘布施，他不但愿意把自己所有的房屋、田园、财产等资产物品，欢喜地布施给人，甚至连身体、生命，也毫不吝惜地愿意布施给人。

这样的愿心惊天动地，所以就有一个天人想来试试他的道心。

天人化现成一个20余岁的青年，在舍利弗尊者必经的路上等候，远远看到他走过来，就嚎啕大哭，舍利弗尊者见了不忍心，上前慰问道："这位青年，你为什么哭得这么伤心？"

"你不用问，告诉你也没有用！"

"我是学道的沙门，发愿救度众生的苦难，只要你有所求，凡是我有的，都可满足你的心愿。"

"你是不能帮助我的，我哭并不是缺少世间上的财物，我的母亲害了不治之病，医生说一定要用修道者的眼珠煎药，我母亲的病才能好。活人的眼珠已经不易找，修道人的眼珠又怎么肯给我呢？想到病床上呻吟待救的母亲，我这才情不自禁地伤心痛哭！"

"我就是修道的沙门，我愿意布施一只眼珠给你，来救你母亲的病难。"

"你愿意布施一个眼珠给我？"青年欢喜得跳起来。

"我的一切财产都布施给人，正想进一步地行大乘道，所以很愿意将身体布施，正苦无受施的人，今天遇到你，可达成我求道的愿心，我真欢喜地感激你，你来取去我一个眼珠吧！"

舍利弗尊者心中想，我有两个眼珠，布施一个给人，还有一个可以看到东西，这对自己并没有妨碍。

他叫青年人来取自己的眼珠，青年人不肯，说道："这不行，我怎么可以强夺你的眼珠呢？你如果愿意，可以自己挖下来给我。"

舍利弗尊者一听，觉得他说得有理，当即下大决心，勇猛忍苦地把左边一个眼珠用手挖出，交在青年的手中，并说道："谢谢你成就我的愿心，请你拿去吧！”

“糟啦！”青年人接了眼珠，大叫道：“谁叫你把左边的眼珠挖下来呢？我母亲的病，医生说要吃右边的眼珠才会好的！”

舍利弗尊者一听，真是糟啦！怪自己怎么没有问一声再挖眼珠，现在怎么办？把左边的给他，还有右边的可以看东西，若再把右边的眼珠挖下来给他，那连走路都看不见了。可敬可佩的舍利弗尊者，不怨怪别人，心想，发心发到底，救人也要救到底，难得遇到一个接受布施、成就自己道行的人，就再把右边的眼珠挖下来给他好了。舍利弗尊者这么想后，就安慰青年：“你不要急，刚才是我粗心，怎么没有问清楚再挖眼珠，现在我知道了，横竖人的身体是虚幻无常的，我还有右边的眼珠，我愿意挖下来给你做药，医治你母亲的病。”

舍利弗尊者说后，又再下大决心，勇猛忍苦地把右边的眼珠挖下来交给那个青年。

青年接过舍利弗尊者的眼珠，一句感谢的话也没有说，把舍利弗尊者的眼珠放在鼻子上嗅了一嗅，当即往地上一摔，并骂道：“你是一个什么修道的沙门？你的眼珠这么臭气难闻，怎么好煎药给我母亲食用呢！”青年人骂后，并用脚踩着舍利弗尊者的眼珠。

舍利弗尊者眼睛虽然看不到，但他的耳朵没有聋，他听到青年人骂他的话，和用脚在地上踩踏他眼珠的声音，他终于叹口气，心中想：众生难度，菩萨心难发，我不要妄想进修大乘，我还是先重在自利的修行吧！

舍利弗尊者这样的心一生起，天空出现很多的天人，对舍利弗尊者说道：“修道者，你不要灰心，刚才的青年是我们天人来试探你的菩萨道心的,你应该更勇猛精进,照你的愿心去修学。”

舍利弗尊者一听,很惭愧,利他的菩萨心又再生起,当即成就了不退的道心。六十小劫以后,舍利弗尊者不休息地认真学道,终于遇到佛陀,证得圣果,且具足神通。

从初发心到成就佛果,要历经多少劫数,要忍受多少苦难,所谓“难行能行,难忍能忍”,要“福慧双修”,要“行解并重”,如果畏惧麻烦,缺乏耐心,就像种子虽播种了,却怠于施肥、浇水,终不能发芽,更谈不上开花、结果。因此,从初心到完成,这是成佛之道,如果能发心,能坚持到最后,则成佛不难矣!

佛教和我们的生活息息相关,佛法也在我们的生活里俯拾即是。无论是感情、经济、处世、道德等各方面,如能将佛法落实、融入其中,才是真正的“佛教生活化”、“生活佛教化”。

1975 年 4 月讲于台北志莲精舍

生活与信仰

我们坚定自己对佛教的信仰之后，
还须于生活中落实、运用，
才是真正了解佛法的意义与价值。

今日佛教徒最需要的是生活里要具备佛法。不曾接触佛法的人，固然不知道佛法的利益，信仰佛教多年的人，如果身心没有和佛法相应，生活中不懂运用佛法，也不会知道佛法的价值。佛法与我们日常生活有什么关系？以下分六点来说明。

一、信仰的利益

谈到信仰，有的人一开始信仰宗教，就走错路，信了邪魔外道，这就是"邪信"。比邪信好一点的是"不信"，不信仰任何宗教固然不好，但至少没有走错路，将来还可以选择正确的信仰。另外一种是信得很虔诚、不知分辨的"迷信"。迷信比不信又好一点，虽然迷信了，但总还是有信仰。像老公公、老婆婆们，手里拿着一炷香，虔诚地跪在神明面前，口中喃喃有词，在我们看起来是迷信的行为，但是他们那一片纯真的心，是非常可贵的。至少宗教劝善止恶的观念，已深植在他们的心中，因此即使是迷信也比不信好。当然，比迷信更好的是“正信”，能够对佛法生起正确的信仰，才能获得佛法的利益。正信佛法能带给我们什么利益？

（一）信仰如手

人因为有双手，所以能够创造各种事业，世界上许多奇巧的发明，也都是由于有万能的双手。如果没有科学家双手灵活的运作，发明了电灯，我们怎能享受到光明的可贵？如果没有医生双手精湛的医术，我们身体的疾病如何治愈？又如文化事业的推展、国防军备的设施，都需要依靠双手的操作。我们常比喻说：得到了助手，或失去了左右手。可见手对我们的创业办事，实在太重要了。

《大智度论》有一则譬喻说：“信仰的利益如手。”一个人进入宝山，山中蕴藏许多宝藏，如果我们没有双手，如何挖取宝物？同样的，进入佛法这座无尽的宝藏里，如果缺乏信仰的双手，就不会坚定不移地埋头挖宝，依靠着信仰的手，才能获得其中的功用。因此，想获得佛法的利益，一定要具备信仰。

（二）信仰如杖

佛法的信仰好比拐杖，能够给人依靠。人生在世有时候会感到世路茫茫，没有依靠，甚至遭逢绝路时，没有任何的助力。假如有信仰作为依怙，在颠簸的人生旅途上，就可以依靠这根拐杖而走向平坦的大道。

《八大人觉经》说：“国土危脆”，又说“人命在呼吸之间”，人世间的一切是虚幻无常的。尤其台湾地区，台风、地震频繁，当这些自然的灾害来袭，人力无法抗拒的时候，更会感到人类的渺小、脆弱。如果我们有了佛法，好比手中有了一根拐杖，能够获得心里的安全。人生需要寻找依靠，对诸佛菩萨的信仰，能使我们在虚幻的世相上，建立安稳的依靠。但是如不能对佛法兴起信仰，将得不到佛法这根拐杖的利益。

（三）信仰如根

花能开得芬芳美丽，因为有深厚的根；树能长得茂盛苍郁，因为有扎实的根；人能够生存下去，因为有生命的根；一切事业的成功，也因为有巩固的根基。所谓“万丈高楼从地起”，基础的根本稳固了，摩天大楼才能建筑。

信仰是产生无量功德的根本，《华严经》说：“信为道源功德母，长养一切诸善根。”依据信仰的根，能使我们在佛法中，修福修慧，奠定人生基础，进而到达了生脱死的境界。菩萨的五十二阶位，也是从“信仰”的根起发的。经上告诉我们：没有信仰的人，好像一棵枯萎的树，不能开花结果。对于信仰的“根”，我们应以法水好好的灌溉、照顾，使它茁壮、开花、结果。

（四）信仰如船

信仰的利益，好比船舶。在茫茫大海中，船能够运载乘客到达目的地，信仰也具有同样的功用。《大智度论》说：“佛法大海，唯信能入。”想要进入深广辽阔的佛法大海，必须有指南针才不会迷失方向。《大智度论》又说：“要想进入佛法大海之中，布施、持戒是不能进入的，信仰对一个初入佛法的人来说，比布施、持戒更重要。”

在浩瀚的佛海里，如果不能掌稳信仰的船舵，是无法深入龙宫，探得骊珠的。我们必须驾着信仰的船筏，才能在佛法的大海里，采取到佛法大宝。在这一望无垠、茫茫无边的人生苦海中，也唯有依靠信仰的大愿船，才能从生死大海的此岸，安然地到达涅槃解脱的快乐彼岸。

（五）信仰如力

孙中山先生说："信仰就是力量。"对一件事有坚定的信仰，自然能形成力量。当初民国的建立，即是建立在国人对民主政体的热切信仰上。哲学家方东美先生去世时，在许多纪念他高行的文章当中，有一篇这样描写：方先生平生喜爱游泳，有一次在游泳时，忽然身子往水底下沉，他拼命地挣扎，但是愈挣扎愈下沉，眼看即将遭到灭顶。这时他想："我是个哲学家，对于生死应该看得开才是，如此求生怕死的样子太难看了。一个哲学家，死也要死得洒脱一点啊！"这么一想，四肢自然放下，结果，竟然借着水的浮力浮出水面而获得生还。对自己有信心就能产生力量，何况是对真理建立起信仰。

佛陀在世时，经常在恒河沿岸说法，有一个信者知道了，想渡河听佛陀说法。但是找不到船只，望着滚滚的恒河着急不已，有人开玩笑地说："你何不从河上走过去呢？"由于此人对佛陀及佛法充满了信仰，于是不顾河水的汹涌，不在水相上起分别心，果然涉水到达彼岸。信仰的力量，即使是惊涛骇浪也阻挡不了，这种力量，实在不可思议。

（六）信仰如财

日常生活中，没有了钱财，生活就没有着落，近年来，世界遭遇到一个棘手的问题：能源缺乏、经济危机，于是探测家们拿着仪器，到海底、山间，寻找新的油田。其实我们人人都有一座油田，那就是信仰，信仰就是我们的能源。

人类向纷纭的心外世界寻找财宝，却不知自己内心有无限的财富，古人说："反求诸己。"我们内心的宝藏、能源，要用信仰的锄铲，才能挖掘。佛经上提到财富，有所谓"七圣财"，七圣财中第一种就是信仰的财宝，有了信仰的财宝，人生更丰富。

佛教和其他宗教不同的地方，在于佛教并不一味叫人信仰，佛教的信仰建立在理智、慧解上，甚至佛教的信仰可以建立在疑情上面，因为信仰是发乎自然，出于本心，丝毫不带一点勉强。等我们的迷惑解除了，我们的信仰会更坚固；信仰坚固不移，才能真正得到信仰的利益。

二、信仰的价值

我们活着要追求有价值的人生，对于信仰也要追求有价值的信仰，信仰的价值很多。

（一）信仰能使思想统一

有的人常感到自己没有主宰，不能确立中心的目标，这是因为本身没有信仰。没有信仰的人，往往不能使思想统一而产生力量。

譬如信仰同一种主义，凭借着这股信仰的力量，可以为主义牺牲生命。因为思想统一于信仰主义上，任何其他的学说、外力，都动摇不了我们。泥水匠盖房子，用水把沙、石、水泥混凝在一起，筑砌一栋坚固的大楼，相同的，信仰可以把各种不同的见解陶融成统一的思想，运用这统一的思想，可以解决人生许多的难关。

（二）信仰能使前途有望

有信仰的人遇到难忍的痛苦，或是致命的打击，由于信心的生起，终能克服困厄，再度燃起希望。即使身罹绝症的人，只要对人生有信心，病魔也奈何不了他。我曾经到虎尾龙善寺探望一位老尼师，当时她一脸忧郁地对我说："师父，这次您来还看得到我，恐怕下次来就见不到我了！医生说我患了大肠癌，只剩下两个月的生命了……"

记得那时我安慰她："出家人还怕什么死？对生死应该超然度外，好好念佛，多发心做些对社会大众有益的事，如果你对未来充满信心，我想你的病是不要紧的。"她听了我的话，从此每日奔波劝募，5 元、10 元，慢慢积少成多，竟然在云林成立了"佛教之声"广播节目，每天请人在电台广播佛法。在"佛教之声"中两个月悄然过去了，她并未被病魔所攫走，仍然身体健康地为弘法事业忙碌。

几年后，我再度到虎尾，遇见了她，她对我说："师父，我的病已经不治而愈了。"

（三）信仰能使烦恼解脱

在人生的旅途中，最困扰我们的是烦恼，烦恼往往是我们成功立业的绊脚石。烦恼有来自社会、家庭、感情及经济，乃至身体的生老病死，心理的贪瞋痴等。很多人碰到烦恼，只是喟叹："没办法！”事实上，去除烦恼的办法很多，如果我们能善巧运用佛法的信仰，就可以减少许多烦恼。

烦恼好比疾病，佛法的八万四千法门，就是专门对治烦恼的良药。患了贪瞋痴的烦恼可以用戒定慧来对治；悭吝的人，教他行布施；暴戾的人，教他学慈悲。有人受到挫折而灰心丧志，可用因缘来对治，使他观一切法无自性而振作奋发，诸如六度、八正道、参禅、拜佛、念佛等等，不但能够对治烦恼，更是解脱的妙方。我们对于佛法这剂药方要生起不疑的信仰，好比病人相信医生的诊断，才能安心服药，药到病除。

（四）信仰能使身心安住

人生在世，找一个安身立命的地方很重要。工作的人，经过一天的辛苦，要回到舒适的家休息；倦飞的鸟，经过一天的觅食，也知道飞回巢中安栖。读书的人，把身心安住在书本上面；做事业的人，把身心安顿在事业的发展上，而那整天游手好闲、无所事事的人，是无处安住身心的。因此寻找身心的安止处是刻不容缓的事。

有时我们会感到身心茫然，不知安住在何处。假如我们对佛法兴起了信仰，就可以把身心安住在观世音菩萨、阿弥陀佛上面，身心一旦获得安住，遇到任何的困难就不会退缩畏惧了。基隆海会寺的道源长老，曾告诉我他的亲身经历。当年日本军队侵略中国时，有一天到寺院去掠夺，日本兵看到道源长老便喊道：“站住！”长老心想：“不能站住啊！他会要我的命呀！”于是不顾一切拔腿就跑，日本兵在后面穷追不舍。长老一边奔跑，口中一边称念“观世音菩萨”。跑了很长一段路，躲过日本兵的视线，逃进了一位信徒的家里。信徒看到师父来了,忙说:“师父,您来了!”

惊魂未定的老法师却回答说:“观世音菩萨!”

“师父,请坐!”

“观世音菩萨!”

“师父,请喝茶!”

“观世音菩萨!”

无论对他说什么,他总是回答:“观世音菩萨!”因为当他生命遇到危险、没有地方安住的时候,他只有一心皈命观世音菩萨,把身心安住在菩萨的圣号上面。所以,当我们遇到苦难而皈命佛菩萨时,不管佛菩萨是否因我们的虔诚感应而救了我们,至少当下已能将身心安住在佛菩萨的信仰上,得到了平安。

(五) 信仰能使生活美好

我们要使生活内容更充实、更美好,信仰是一个很大的因素。被人欺侮了,有信仰的人不会生起瞋恨心,会认为是修持忍辱应该遭遇的:“我是个有信仰的人,应该忍让才对。”信仰,使我们懂得委曲求全,在生活里减少烦恼而得自在,这样生活自然美好。

有信仰的人,对于困难、折磨,认为是庄严人生内容的必备要件。困难挫折对于他们而言,已不是困难,而是迈向成功的砺石。有信仰的人,常常会想:“我现在虔诚地拜佛、念佛,广修一切功德,将来可以到极乐世界。”由信仰而激发善行,对未来的世界充满憧憬,不仅充实现世的生活,对未来的国土也先行设计蓝图;有信仰的生活富有意义,更充满生机。

（六）信仰能使生命有依靠

信仰是人生终极的追求，没有信仰，生命就没有依归。中日甲午战争之后，日本首相陆奥宗光代表日方到中国来订立马关条约。当他出发时，女儿染病在身，他嘱咐家人，没有重大的事故，不必通信。正当和约签订至紧要关头时，家书来了，说女儿病况严重，希望见父亲最后一面。外相伊藤博文安慰他说："你放心回去好了，这里的一切我来处理。"

当陆奥宗光首相披星戴月地赶回家里时，奄奄一息的女儿终于见到盼望已久的父亲，高兴地说："父亲，我就要和你永别了，但是我有一个问题一直梗在心中，等着您回来替我解答。"

"什么问题？"

"我就要死了，我死了以后要到哪儿去呢？"

身为政治家的陆奥宗光，虽然博学多闻，但是对于女儿临终前的问题，竟然不知如何回答。不过，他毕竟才智过人，安慰女儿说："死后去哪里，我不知道。不过，我经常看你母亲在念佛，我想佛陀会带你到一个很好的地方去。"他的女儿听到这话，带着安详的笑容离开了人间。陆奥宗光因为没有办法解答女儿的疑团，于是开始研究佛教，选择了佛教的信仰，最后还出家当了和尚。这件事说明陆奥宗光的女儿，懂得以信仰为生命的皈依，即使面临死亡也能平静毫不畏惧。

三、我们要信仰什么

每一种宗教都劝人要有信仰，但是究竟要信仰什么呢？古人说：就有道而正焉。良禽知道择木而栖，忠臣也知道就明君而仕，信仰也要选择好的对象。我们信仰的对象，应该具备什么条件?

（一）信仰实在有的

我们选择信仰的对象，应该审察它是否真实存在。譬如我们选择信仰佛教，佛教的教主释迦牟尼佛，确实存在。佛陀有出生的国家，诞生的年月日，养育他的父母，他有兄弟亲族，他更有出家、修行、成道的经过记载。佛陀的事迹，历史上是明明确确载录的。释迦牟尼佛不是子虚乌有的人物，不是杜撰的天帝，也不是来无影、去无踪的神仙。他在历史上是经得起考据证明的。他是实实在在存有的信仰对象。

（二）信仰道德高尚的

我们交朋友，要结交品德、人格高尚的人，因为他可以引导我们向善向上。古人说："无友不如己者。"又说："水往低处流，人往高处走。"如果我们所信仰的对象，要我们去杀生害人，那么，信仰他不但没有帮助，反而有害。我们必须了解自己所信仰的对象，他的德行有没有清净？他的慈悲有没有具足？他的人格有没有完美？如果他具备了，这样的对象，才值得我们去信仰、去皈依。释迦牟尼佛是功行圆满的觉者，具足智德、断德、恩德等三德，他的道德是圆满清净的，跟随这位人天的导师，可以使我们的道德更崇高，人格更完美。

（三）信仰能力强的

我们爬山需要拐杖做支柱，我们的人生也需要一根强而有力的拐杖做我们的依怙。从小我们接受师长们博学多能的提携，才能渐渐地免于童骙；我们信仰的对象，也必须是具有能够自度度人、自觉觉人的大善知识，以引导我们走向正道。

《佛遗教经》说："我如善导，导人善路；我如良医，应病与药。"相信善导的指津，可以走上光明的道路，到达目的地；相信良医的诊治，可以获得阿伽陀药，治疗烦恼疾病。一般民众，为什么愿意接受历代仁君贤者、英雄好汉的领导？即是因为他们的能力很强。狮子可以做兽中之王，大鹏可以作鸟中强者，都是因为它们有特殊的能力。人也是一样，如果信仰的对象具有强大的力量，仿佛人生有了后盾，我们能因他而获致幸福。

（四）信仰戒行清净的

戒行清净的人，一切的行止都合乎戒规，我们依从他，言行自然合乎正道，不会出轨。如果我们信仰的对象戒行不清净，好比违反交通规则的汽车，随时有发生事故的可能，我们跟随他也就太危险了。我们所信仰的对象——大圣佛陀，是戒行最严谨清净的觉者，他不仅自持严格，并且制定许多的戒法来摄化弟子们的身心。佛经上记载：佛陀的一位弟子向果园主人托钵水果，果园主人请他自己摘取，这位尊者回答："佛戒上说比人高的树，不可以爬上去。"果园主人请他用手把果子摇下来，他又说："佛戒上说不可以摇树取果子。"果园主人为了表示诚意，只得亲自攀下树枝请他采摘。哪知道他还是坚持说："佛戒上说不可以自己动手取果子。"果园主人不得已只好双手捧着果子献给他说："我供养您！"这件事是说明"不予而取"为犯戒，佛陀的弟子为了坚守此戒，宁可不要果子。以现代来说，没有得到他人同意而拿了别人任何的东西，哪怕是一针一线，都是犯法的。如果人人能遵守，社会上就没有抢劫偷盗的行为了。佛经上还记载佛弟子为了护持戒法而丧生的事。佛弟子都能够如此严持戒律，更何况是制戒的佛陀本身。如果我们能遵奉佛陀的教法，所修的戒行才能清净无瑕。

（五）信仰正法圆融的

我们信仰的对象，要具有圆满的正法。佛法的道理，不偏不倚，因此称为正法。佛法的道理，放诸四海而皆准，适用于任何的时、空、人、事，而不是用在此人身上很适合，用在那人的身上就不适合；或者用在此时很恰当，用在另外一件事上就不恰当。因为佛法超越时空，不受任何限制，因此它是圆满的。社会的学问五花八门，我们要选择最正确、最圆融的作为我们的指南。如春秋时代黔娄之妻的“宁可正而不足，不可斜而有余”名言，几千年来一直为世人所赞美与运用。信仰了圆满的正法，在人生的旅途上，不但可以得到许多正确的指示，并且能够建立圆满的人生。

（六）信仰智慧圆满的

《成佛之道》一书中有两句话：“正法以为身，净慧以为命。”平常我们会认为大殿里或案桌上供奉的佛像就是佛陀的身体，或者以为佛陀在世时，那种庄严相好的色身是佛陀的真身，其实佛陀是以正法为身；佛陀的寿命也不是住世 80 年的人间岁月，佛陀是以无漏智慧为生命。世俗的知识是有漏的，人间的寿命是有限的。而正法为身体，正法是遍一切时处，无穷无尽；智慧为寿命，智慧是清净永恒，无量无限。我们信仰的对象，他的智慧完满无缺，我们跟随他学习，将来可以获得充满智慧的生命，并以此贡献社会大众。

俗话说："交友不慎"、"遇人不淑"，一个人交错了朋友，毁了一生的前途；一个女人嫁错了丈夫，失去了终身的幸福。我们对于对象的选择，怎能不小心谨慎？何况是信仰的对象，更应该仔细抉择。

四、信心如何增长

信心，好像田园里的幼苗，如果遭受风吹雨打，就不容易生长，一般的信仰怎样才能生起和成长？

（一）从灵感而增长信心

有些人因为得到了某种灵感，而生起信心。如孙立人将军夫人张清扬居士，在一次中风以后，颜面神经麻痹，后来因为信仰观世音菩萨，获得灵感而痊愈，又恢复从前的庄严相貌。从此，张居士成为一位虔诚的佛教徒。又如凤山佛教莲社的煮云法师，到处打精进佛七，不少信众因感受到灵感而增长了信心。

（二）从福德而增长信心

许多有地位、有钱财的大富长者，由于肯发心布施，有福德可以帮助别人，而内心充满欢喜。如太子龙、统一公司已故的吴修齐先生，南丰钢铁公司的潘孝锐先生，他们都是虔诚的佛教徒。平时，他们就是从修福德中，增长对佛法的信心。此外，有些人没有钱财也没有力量，虽然不能以物质布施，但是，他们却事事乐于帮助别人，一样可以使自己对佛法增长信心。

（三）从慈悲而增长信心

汐止肉身不坏的慈航法师，曾经说过一件有关他自己的故事给我听，他说：即使待他最不好，甚至时常陷害他的人，他都可以容忍，并在对方有难时伸出援手。他说他原来个子又瘦又小，由于能够不计前嫌，以及时常暗中行善，后来变成庄严的圆满相。他的慈悲，不只是施予他所喜欢的人，连不喜欢的人，他也一样地对待。慈航法师可说真正做到了"无缘大慈，同体大悲"。慈航法师从行慈悲中，获得了对佛法的欢喜和信心。由此，我们可以知道，从慈悲中能增长信心。

（四）从慧解而增长信心

学佛的人，研究了佛法，会感觉"佛法真是好，真是妙！"《六祖坛经》记载，五祖传法给六祖以后，要六祖速离他去，并且亲自护送，当师徒二人走到一道河边，五祖说："我来撑篙渡你过去。"六祖答道："迷时师度，悟时自度。"我们对于佛法，若能够有所觉悟，则能进而启发信心；这是一股很大的信心力量。如同前面提过的方东美教授，他研究哲学、研究《华严经》，可以说是一代大儒学者，最后他还是到土城承天寺去皈依三宝。由此可知，智慧越高的人，越能够接受佛法的信仰。

（五）从体验而增长信心

从自己的宗教经验中可以增长信心。我们曾经看过一些修道的人，中途丧失信心。有句嘲笑的话说："信佛一年，佛在眼前；信佛二年，佛在西天；信佛三年，佛祖不见了。"这是因为在生活中没有宗教的经验，所以，对佛法生不起信心。明朝有位憨山大师，曾经为了建造寺院，被皇帝误会，强迫其返俗，并被放逐。可是，他一直未改变对佛法的信心，等到误会冰释，又再恢复他僧人的身份。憨山大师这种高超的德行，和对佛法坚定不移的信心，与他年轻时的一段因缘有关。

有一次，他跟随一位法师到五台山迎请藏经，上了五台山，在一个山洞中，见到一位隐居的老和尚盘腿端坐在洞内，他上前顶礼，问道："请问老和尚上下如何称呼？"

"……"

"您在此多久了？"

"……"

一连请教了几个问题，老和尚都不回答，也不理睬他。憨山大师心里想：这一定是位不平凡的高僧，于是就在老和尚旁边也盘腿坐了下来。一会儿，老和尚端起杯子喝茶，憨山大师也跟着喝茶；老和尚吃饭，他也跟着吃饭，如此经过了一个星期，彼此没交谈过一句话。有一天，他在经行的时候，忽然忘记了身心，不知道自己身在何处，只感到自己的身心好似都与宇宙融合了，根本没有你我的分别与对待。如此，持续了很长的一段时间。

从此，憨山大师对于佛法有了更深一层的体悟。由此可以知道，念佛，要念到与佛同在；拜佛，要拜到与佛共存；布施，须施得我你泯灭；参禅，要参得真性现前。有了这样的体验，自然信心增强，不论别人说好或说坏，都不会动摇我们的信心。

（六）从见性而增长信心

见性，即见到自己的本性，这种增长信心的价值最高。昔时，福建芙蓉山有位灵训禅师，一日，去参访归宗禅师，劈头就问："请教禅师，如何是佛？"

归宗说："不能告诉你，告诉了你，你也不会相信。"

"你说的话，我怎么会不相信呢？"

"那我告诉你，你就是佛！"

灵训一愣，怀疑地说："我就是佛？"

因为没有认识自己，所以不敢相信自己是佛。归宗曾说："一翳在眼，空花乱坠；若离诸相，即见诸佛。"我们不能认识自己是佛，是因为我们迷失了自性，只在人我、是非、好坏、苦乐的世间差别相上计较，等于带着有色的眼镜看各种事物，因此，错认了世间本来的面目，对于自己的本性也不能认识。

黄檗禅师开示大众时，常说："不作佛求，不作法求，不作僧求。"这是什么道理？因为"信仰"不能被外在的人事所迷，而忘记了自己的本性。佛、法、僧三宝，在我们的自性上，原本具足。事相上的佛、法、僧三宝，只是信仰过程中的一个助缘，到最后终究还是要相信自己。佛法将每个人的人格，提升到最高，所谓"人人皆有佛性"，若能有这种体认，则信心必能增长。

五、正信的生活与正信的信仰

什么才是正信呢？如何获得正信的生活与信仰呢？

（一）从伪装的信仰到真实的信仰

一般社会大众，由于没有获得真实的信仰而趋于迷信、邪信，糊里糊涂地做出很多愚昧的事情来。比如看风水、时辰、算命、占相、卜卦、烧锡箔、金银纸等，这些都是迷信的行为，都为佛法所不容许。

如盖一栋房子，即使你已看好一块地，风水先生说："房子的方向朝这边不好，这个方向对你的父母不利。"试想一般人敢冒这个大忌吗？迷信，就是用一种恐怖的方法，抓住人性的弱点，让人不敢违抗他的信仰；一个人如果没有正信的智慧，就不能从迷信中解脱出来。佛陀在《遗教经》中一再指示我们："不得占相吉凶，仰观星宿。"因此，我一生奉行"日日是好日，处处是好地"的至理名言。只要存心公正，什么地方都可以去；只要大家感到方便，每一个时辰都吉祥。真正的佛教徒绝不迷信，迷信的绝不是真正的佛教徒。

另外有的信仰充满神秘色彩，用各种方式掌控信徒，使他们不敢违抗。这都不能算是真正的信仰。我们应该舍弃伪装的邪教迷信，选择真正正信的信仰。

（二）从杂乱的信仰到纯正的信仰

现在的信仰复杂，许多人不管礼拜的对象是谁，只知到处烧香、磕头。杂乱信仰不能获得信仰的利益，有这么一则寓言故事——有两个人，在旅途中遇到了强盗，其中一人平常信仰很多神明，当强盗挥刀过来时，膀子被砍断了；另外一人信仰观世音菩萨，也挨了一刀，这一刀砍在脖子上所挂的观音像项链上，观音像损坏，人却丝毫未受伤，他欢喜地说："观世音菩萨救了我！"

信神的那个朋友，抓住膀子，痛得直冒冷汗，愤怒地说："我身上带了那么多神像、符咒，为什么都不能保佑我呢？"这时，袋子里的那许多神明说话了，"对不起！当你遇难的时候，我们原想来救你，可是在列位神仙的面前出来救你，是没有礼貌的。因此，当你要受难时，我们互相谦让着：

"'玉皇大帝，您去救他吧！'

玉皇大帝客气地说：'城隍老爷，还是您去救吧！'

城隍又客气地说：'妈祖娘娘，您去吧！'

妈祖也说：'耶稣，您去吧！'

'正当大家推来推去不知请谁出来救你时，强盗的一刀已经砍了下来，咯嚓一声，你的膀子也就断了。'"

这则寓言故事是告诉我们不要杂信，这个也信，那个也信，心力不能集中，真正困难时就得不到帮助。倒不如把身心归向三宝，让三宝统一我们的信仰，不必见神就叩拜，逢庙就烧香，回归到净化纯正的信仰，才是最重要的。

（三）从天命的信仰到自主的信仰

有些人欢喜相信天命，任何事物都归于上天的安排。饭食，是上天给我们吃的；利益，是靠上天得来的。这种思想并非有什么罪恶，只是把自己的主权毫无条件地送给神明，让诸天鬼神来主宰，而不知自己有自我主宰的主权，实在愚痴又可怜。一个人人生的幸福、生活的快乐、精神的愉快，前途的光明，为何要让神明来支配、施予呢？

佛教讲"人人有佛性"，就是提高每一个人的自主权，让我们知道我们可以主宰自己的一切，黑暗可以变为光明；悲惨可以化为幸福；崎岖不平可以铺成坦荡的人生大道。信佛，就是信自己。凡事靠自己的双手创造，比依赖神明的支配更有意义。

（四）从人情的信仰到正信的信仰

有许多人这个庙去应酬，那个庙也去走动，最后被众多人情包围，不能选择真正的信仰。其实，信仰应该依照佛陀所说的“四依止”：

1. 依法不依人：信仰佛教的人，依据佛陀的教法而求“信解行证”，不因人（说法的人）的优劣而放弃信仰；或只做某一个寺庙、某一个僧众的信徒，置整个佛法于不顾。

2. 依智不依识：智是智慧，如光明朗照，可以看到本来面目；识是差别、分别。学佛的人，不以分别的知识去追求佛法，学佛的人，应该运用智慧去内证真理，才能得到佛法的真髓而获得解脱。

3. 依义不依语：应该从义理上去了解佛法，不应该在语言上推敲、计较。

4. 依了义不依不了义：不了义的佛法，只是劝诱初信或根基浅薄的人的方便法门；信仰真理，应该相信究竟的一乘解脱之道。

“四依止”是每一个信佛的人都应该知道且确实去施行的道理。

（五）从寺庙的信仰到僧团的信仰

信仰佛教，不要只做一个寺庙的信徒，应该做整个佛教僧团的信徒；不要只做某一个人的弟子，应该做全僧团的弟子。作为一个佛教徒，对任何一个寺院，都应该护持；凡僧团的任何事情，只要能力所及，都应该尽心协助，应爱护僧团如爱护自己的家园一样。

台湾寺庙林立，一些在家信徒，走动于每一座寺庙之间，比较僧众待他的热忱，有些甚至拨弄是非，使寺庙与寺庙之间失和，这都不是一个正信佛教徒应有的行为。信仰僧团，护持僧团，才是佛弟子应有的责任。

（六）从法相的信仰到法性的信仰

真正的信仰佛教，并不只是在差别相上认识，而是进一步认识法性的平等。

有位禅师吐了一口痰在佛像脸上，大家看了，愤愤地说："你怎么把痰吐到佛像的身上？"

禅师问道："请你们告诉我，哪个地方没有佛，我现在又想要吐痰了！"

众人缄口无法作答。

佛性是遍满虚空，法性是到处都在的，哪个地方没有佛？哪个地方没有法？我们应该从认识偶像佛，进而认识法身佛、自性佛。

虽然如此，但在还没有通达自性，没有认识法性以前，佛像还是最崇高的。所以，信仰应从认识法相进而深入体证法性。

六、如何实践生活上的信仰

我们的生活，离不开衣食住行以及人我之间的相处，因此如何使我们的生活合理化，是十分重要的事。

（一）衣食上的信仰实践

作为一个佛教徒，对于怎样穿衣，怎样吃饭等生活上的琐事，必须有所认识。佛教并没有要求每个信徒一定要苦修，当吃，要吃得饱；当穿，也要穿得暖。只是除了生活所需，在饮食服饰上，不应该过分奢侈、浪费。

《杂阿含经》卷四十二上记载：憍萨罗国的波斯匿王因为身体肥胖，每次顶礼佛陀时，总是气喘如牛，佛陀教他以少食为汤药的长寿之道。因此，波斯匿王特地叫一位侍者在他吃饭的时候，站在身旁唱佛陀所教的“节食偈语”，提醒他不能吃得太饱。佛陀的偈子是：“人当自系念，每食知节量，是则诸受薄，安消而保康。”意即能够节食的人，就可以获得健康。对于衣与食，我们应该相信“少食为汤药，朴素为清高”的道理。

（二）工作上的信仰实践

佛教徒对于工作，应该负责勤劳，并有服务的精神。百丈禅师的“一日不作，一日不食”，表现了对工作的热忱与服务的精神，他的勤劳给予后辈学子很好的榜样。六祖惠能大师于五祖处参学时，躬操舂碓，苦作供众，遂有传法之美事。道亮律师为大众做了六年舂粟的苦役，后来成为一代律师。

我从小就是受苦劳的出家人，童年出家，即领行单——行堂、司水等杂务，从工作里面，我对佛法、对人生，增加了很大的信心。因此，我一直提倡“工作是神圣的，服务是伟大的。”经中所谓“工作是道德，服务是幸福；懒惰是罪恶，空闲是堕落。”即是这个道理。

（三）处世上的信仰实践

佛法讲究人际间的相处之道。有很多人所以感到苦恼，都是由于人际间的不协调。协调人际间的关系，行四摄法是最好的法门。所谓四摄法，即布施、爱语、利行、同事。不论我们布施的是金钱、财物，或力量、言语，都能使别人欢喜，而利于彼此的往来。说赞美他人的话，做有益于他人的事，表示与他是平等地位，和平相处，这些都是处世接物的妙方。

佛经常教我们要广结人缘，不侵犯他人，不辜负他人，并且多多给人方便，因为给人方便就是给自己方便；不侵犯他人，他人才乐意与我们交往。作为一个佛教信徒，对于佛陀所教示的处世之道，应深切地去体会并确实地去践行它。

（四）善恶上的信仰实践

一个人生存在这个复杂的社会上，对于善恶，应该具有辨别的判断力。俗云："勿以恶小而为之，勿以善小而不为。"对于自认为是不足轻重的善恶行为，尤应谨慎小心，所谓"滴水虽微，可以穿石"，学佛的人，对于善恶要做到"诸恶莫作，众善奉行"。

唐朝有位大文豪白居易，有一次，他去请教鸟窠禅师："什么是佛法大意？"

鸟窠禅师说："诸恶莫作，众善奉行。"

白居易一听，轻蔑地说："这么简单的道理，三岁小儿也懂得。"

鸟窠禅师说："三岁孩童虽道得，八十老翁行不得。"

我们自己反省一下，是不是无论大小的恶事，都能够丝毫不去犯着，且又能奉行一切大小善事呢？因此，对于这"诸恶莫作，众善奉行；自净其意，是诸佛教”的七佛通偈，应该要信受奉行。

（五）理智上的信仰实践

一个人不论信仰什么，都须先透过理智的抉择，透过理智抉择的信仰，才不至于迷信。公元15世纪时，意大利的科学家伽利略，使用望远镜观测天体，发现地球绕着太阳转，因而支持和发展了地动说，此学说与天主教创世纪的上帝创造世界的说法互相抵触，故而触怒教皇，将他逮捕下狱，令其改变说法，但是当伽利略熬刑不过，要执笔改书学说时，又愤然掷笔道：“我现在还感觉得出，圆圆的地球正在转动着。”这就是透过理智的信仰，即使死难当前，也要坚持自己所相信的。

（六）信仰上的信仰实践

有人问：“佛教的信仰，是以什么程度来定标准？”以大乘佛法而言，想做菩萨，必先“十信”具备。而修行菩萨的信心，要经过一万大劫，才能将信心完成。如以小乘佛法来说，则分四个阶梯：初果、二果、三果、四果罗汉。初果罗汉的标准，首先必须对三宝不坏信仰；如能做到对三宝不坏信仰，就是初果罗汉了。

所以我们的信仰，不可以为感情所变动：女朋友是某教徒，因你深爱着她，故而改变信仰，跟随她去信某教了。信仰也不能为金钱所引诱：事业失败了，有人以月俸数万元，邀你到某教会做事，为了职业，你改信了某教。信仰也不能为名位所迷惑：有人以帮助你竞选，要你当选后与他同一信仰。信仰也不能因他人以恐吓手段来威胁你，而不敢再信仰自己原有的宗教，跟着他妥协了。

以上这些用感情诱惑、金钱买动、名位拉拢或恐吓而可以转移的信仰，都是靠不住的。真正的信仰，对于三宝要像初果须陀洹一样做到不坏信仰，才能获得信仰上的利益。《南传藏经》说："有信仰的家庭，生活就有诚实、真理、坚固、布施的四种道德。"有了这四种道德，则可"现在与未来，无忧无怖"。一个人如果能对生死无有忧怖，就是对佛法已有净信——清净的信仰。如《金刚经》云："若人能一念生净信者，是人即得阿耨多罗三藐三菩提。"

孙中山先生说："佛教为哲学之母，救世之仁；研究佛学可以补科学之偏。"梁启超说："佛教的信仰，是正信而不是迷信，是兼善而不是独善，是住世而非厌世，是无量而非有限，是平等而非差别，是自力而非他力。"古圣贤哲对佛教的认识，以及对佛教信仰的肯定，更能证实佛法的正确性、普遍性、长远性。而我们坚定自己对佛教的信仰之后，还须于生活中落实、运用，才是真正了解佛法的意义与价值。

1978年10月16日讲于"国父纪念馆"

生活与道德

一个佛教徒在日常生活中，若能勤修六度，
以六度作为自己道德生活的准绳，
再以六度法深入社会，普利大众，
则六度即为人生最高的善行了。

一个人伟大与否，不在于权势地位的高低，不在于钱财的多少，而在于其人格和道德的有无。宋朝的明教契嵩禅师曾经作过譬喻说：在我们的观念里，生为帝王是最崇高伟大的，有享受不尽的荣华富贵，能掌握无上的权势威力，是千万人羡慕而不易轻得的厚爵高位。但是有权无道，或有钱无道，虽能享受一时，却无法名垂千古，甚至还会遗臭万年；高风亮节的道德才是人生最珍贵的财宝。以下分成几点来说明生活与道德的关系。

一、道德与非道德

什么是道德？什么是非道德？凡是举心动念，对别人有所侵犯，甚至危害到社会公共安全的就是不道德；相反的，对社会大众有利益的就是道德。道德与非道德有时很容易划分，有时却很难给予明确的分别，如下面所提的几个问题。

（一）安乐死与道德

一个身患重病，药石罔效，奄奄一息的人，能不能给予一针，让他免受病苦的折磨，安乐而死呢？佛教对于“安乐死”抱持什么样的看法？事实上，一个人即使重病弥留的时候，能不能再生，是很难断言的。曾经有一位赵老居士，非常热心于电台布教，并且经常往来监狱，对身陷囹圄的犯人说法。有一天，他不慎跌了一跤而致脑震荡，送到三军医院，医生写上了红字，宣布回生乏术，甚至将他送到太平间，认为将不久于人世。但是他后来居然活了过来，生死事大，实在很难定论。

佛教有种种的法门与方便，而一切的法门与方便，如果不能和大悲心相应，都是魔法，因此佛法以慈悲为根本，对于“安乐死”，佛教不绝对否定它，也不断然肯定它。对于每一个生命，我们应该本着爱心、慈悲心，让他健康地存在。万一不得已而施以“安乐死”，如果确认是出于慈悲心，不忍病人受苦，也没有什么不对，重要的关键在于是否以慈悲心为出发点。

（二）偷富济贫与道德

“偷富济贫”是道德还是非道德？有人称赞这种行为是侠义作风，大加喝彩；但是就佛法来看，仍然不究竟，贫穷的人虽然被救济了，却侵犯了富有的人家。凡是对人足以构成伤害的，都是非道德的，真正的道德是不损害任何人，而人们可以得到利益。

（三）杀人救人与道德

如果杀了一个人能够救很多人，这是道德，还是非道德呢？

《大宝积经》上有这样一段记载：佛陀在因地修行的时候，为了救500个人而杀了1个人，这样的做法合乎道德吗？佛陀正是抱着这种"我不入地狱，谁入地狱"的悲心，而杀一救百，所以在大乘的戒律中是赞叹他的行为的。我们在修行菩萨道时，除了动机要纯正，抱持大慈悲心之外，还要具备心甘情愿接受因果制裁的胆识，因为有所造作，必有报应。日本的井上日昭禅师杀了一位奸臣，替万民除了百害。山本玄峰禅师说："一杀多生通于禅。"意思是：杀了一个人，因此而救了许多人，是通于佛法的。

佛教是非常重视生命的宗教，不杀生是佛教徒共守的戒律，尤其小乘佛教更是严守。杀生是不道德的行为，但是如果本着大慈悲，救人救世的心去杀生，在大乘的戒律是开放的。譬如为护卫自己的国家、人民，一旦战争爆发，佛教徒可以杀害敌人吗？如果是真正本着救民出于水火、杀一救百的愿心，并且甘愿承担因果的责任，在大乘的戒律是赞美这种行径的。

（四）自杀行为与道德

自杀的行为合乎道德，或者是不道德？有些人因自己活得没意思，想自我了断，他以为自杀不会伤害到别人，和他人没有什么关系，无关道德不道德。然而站在佛教的立场，自杀仍然是杀生，是不道德的，佛法是不允许有自杀的行为。事实上，一个人的生命，并不是个人的所属，这具血肉之躯，最初由父母的结合而生养，并从社会接受种种所需才得以茁壮、成长。生命的完成，是社会众缘所成就的，取之于社会大众，就要回报于社会大众。每一个人都有权利使自己这个生命，活得更幸福、更有意义，但是没有权利毁灭任何的生命。

（五）仁义牺牲与道德

一般的英雄豪杰“杀身成仁”、“舍生取义”的壮举，是合乎道德，还是不合乎道德呢？如果抱着成仁取义、救人济世的心，牺牲自己而成全大众，这是道德的升华，是值得赞美的。孔子说：“朝闻道，夕死可矣。”生命的意义，在于道德的完成。听到一句半偈的人生真理，都可以舍弃生命，更何况躬身去实践完成，无怪乎古圣贤人不惜牺牲生命而甘之如饴。佛陀在因地修行时，舍身救护生灵的记载，在经典里到处可见；这种杀身的举止，正是大悲心的具体表现，至善至美的道德升华。

（六）杀生捕鼠与道德

有些开药店的商人说：“我们出售消除蚊蝇、蟑螂等害虫的药，或者捕杀老鼠的器具，有罪过吗？”农夫也问：“我们种田栽水果，为了收成好，要喷洒农药，驱杀害虫，有罪过吗？”根据佛法，驱除蚊虫等，并不是很严重的大问题。因为佛法所说的不杀生，主要以“人”为对象，杀人，是佛法所不允许的。如果为了去除虫害，当然预防比杀害要好些，但以人为本的佛法，为了生存，虽用农药，并不是很大的罪恶。即使受过戒律的比丘，犯了此过，依佛法上来说，是犯了“恶作”。“恶作”的行为，可以用忏悔的力量加以洗除，不如杀人那样不通忏悔。

事实上，我们平时在有意无意中踏死的小生灵更多，譬如脚下爬行的蝼蚁，不知踏死多少。这种无意中杀害生灵的行为，纵使有罪，也很轻微，有些甚至无罪，最主要的不能怀着瞋心而杀生，以瞋心而故意杀生，必堕地狱受苦，佛教之重视动机、存心，由此可见一斑。我们不要把佛法的规范视为畏途，认为是束缚我们自由行动的绳索，或以为佛法的戒律要求太严，难以守持。其实佛法的戒律有很宽容、自由的精神，只有在不侵犯他人自由的情况下，才能享受更大的自由。

关于什么是道德，什么不是道德的问题，其最主要的关键在于我们的一念。如果心里的一念是慈悲的，以预防为出发点，而不是存心杀害，如此，纵使构成杀害的行为，罪业也是轻微的、合乎道德的；相反的，如果出于恶心、瞋心而蓄意杀害，那就是不合乎道德。即使尚未杀害，在起心动念的当时，就是不道德的。《尚书·大禹谟》说："道心惟微，人心惟危。"我们要谨慎地守护我们这颗心，使它起心动念都合乎道德准则。

二、世间的道德生活

在我们的日常生活中，有哪些道德生活呢？

（一）感情生活的道德

佛教称人为"有情众生"，是依情爱而生活的意思。人是感情的动物，感情生活是人人必须，离不了的。那么一个人在感情生活中应该有些什么道德？对于感情生活应该如何处理？一般而言，我们对越亲近自己的人越有感情，而且爱自己胜于爱别人。所以儒家说："老吾老以及人之老，幼吾幼以及人之幼。"又说"推己及人"，在儒家的观念里，爱有亲疏，爱由亲始，从尊敬自己的长辈推而及于他人的长辈，体恤自己的幼小，广被至他人的幼小；从自己的父母、妻子、儿女，进而亲戚、朋友，由自己血缘至亲推广开来去爱和自己有关的人。越有道德的人，爱心越扩大，甚而连亲疏差别都泯除，这就是民胞物与、物我一体的胸襟，也就是佛教“无缘大慈、同体大悲”的心怀。

和佛陀同时代的提婆达多，本为佛陀的弟子，并和佛陀是堂兄弟。后来心存不轨，背叛佛陀，三番两次想陷害佛陀。有时派人去行刺佛陀，有时驱遣恶象想踏死佛陀，甚至令人埋伏在佛陀经过的路上，推下巨石企图把佛陀压死。一次又一次，极尽狠毒，务必致佛陀于死地才罢休。虽然如此，但是佛陀却一点也不计较，甚至告诫弟子说：“你们要多尊敬提婆达多，他是我的善知识，我们因他而更坚强，我们因他而更能发扬佛道，他是我们推展佛法的逆增上缘。”

没有黑暗，就显不出光明的可贵；没有罪恶，就显不出善美的价值；没有作恶多端的人，就显不出好人的值得尊敬；没有非道德的行为，就显不出道德的崇高。有道德的人，不仅爱和他亲近的人，甚至陷害他的人，也一样的爱护。

佛陀的感情，是将慈悲推广到爱他的仇敌，佛陀的感情是无恨无私的慈悲。我们是佛陀的弟子，也要把感情升华、净化、扩大，使我们的感情生活合乎道德。那多如黄河泛滥的情欲之水，要能疏导、控制，最好以慈化爱，以智化情。

（二）伦理生活的道德

佛教不仅是重视感情的宗教，也是非常重视伦理关系的宗教。

佛陀成道之后，没有几年，他的父亲净饭王去世了，王子们商量着净饭王出殡的时候，大家抬棺木之事。佛陀知道了，对大家说："我也参加一份，尽尽我为人子的心意。"第二天，佛陀与王子们一起抬着父王的棺柩出殡。佛教很重视慎终追远的孝亲之道，佛陀以身作则，留给我们可贵的典范。

佛陀自幼失怙，由姨母大爱道夫人抚养长大。佛陀成道以后，大爱道也要求跟随佛陀出家。当时印度最初的僧团，没有女众，佛陀也不主张妇女出家学道，但是对方是姨母，是抚养自己成长的长辈，佛陀为了尊重伦理，因此开了方便法门，允许大爱道等削发出家，以报答哺乳之恩。

唐朝的道明禅师，俗姓陈，他为了奉养高龄老母，编织草屦，售得微薄金钱，以为甘旨孝养所需，人们尊敬他的孝行，因此称他为"陈蒲鞋"。南北朝时期的北齐，有一位道济禅师，经常肩挑扁担，一头挑着行动不便的老母亲，一头挑着经书，到处讲经说法。人们因为恭敬他的高行，也尊重他的母亲，要帮忙照顾禅师的老母亲，他总是婉拒说："这是我的母亲，不是你们的母亲，我的母亲不论如厕吃饭，都应该由身为人子的我亲自来侍候。"由此可见佛教非常注重对父母之恩的回报。

跟随我出家学道的弟子们，当他们的父母到了佛光山，我总是竭尽热诚招待他们，弟子们就说："师父，您事情忙，我们的父母由我们自己来招呼就好了，怎好劳动您！"我总是回答："不要紧！我离开了父母、师父，孑然一身到了台湾，我有家难归，有亲难孝，你们的父母等于我的父母，分一点让我照顾，尽尽我的心意。"

佛教并不是出了家就不要父母，不重视人间的伦理关系，而是要由孝顺自己的父母，扩而孝顺众生的父母；从今生的父母，推及过去多生的父母。由以上数例，可知佛教对世间伦理道德的重视，并且重视层面更深更广，所不同的仅是孝顺的方法、方向不一样而已。

（三）政治生活的道德

佛教徒应不应该关心国家政治？佛教徒不分在家、出家，都没有离开自己的国家，人人对于国家的政治应该关心。我们早课唱诵的“国基巩固，治道遐昌，佛日增辉，法轮常转”，意思是希望国家、佛法都能兴隆。初一、十五唱的《宝鼎赞》：“端为世界祈和平，地久天长。”更说明佛教徒关心国家乃至世界的前途，祝祷整个世界能和平绵长。

我们的教主佛陀也很关心政治。有一次摩羯陀国的阿阇世王和越祇国有了纠纷，准备发动战争，于是派遣大臣雨舍去拜访刚从越祇国回来的佛陀，向他打探敌情。雨舍到了佛陀的精舍，佛陀知道他的来意，却故意不正面回答他，佛陀说：“你先请坐，等我和阿难谈过话后，再和你交谈。”

佛陀转身问随侍在身旁的阿难说：“阿难，我们刚从越祇国回来，你觉得越祇国的政治，非常民主自由吗？”

“佛陀，越祇国的政治非常自由民主。”

“他们的教育普及吗？”

“教育非常普及。”

“越祇国的人民遵守法律吗？社会讲求上慈下孝吗？人们具有宗教信仰、相信因果吗？他们的民风敦厚，对事业有贡献的热忧吗?”

阿难尊者对于佛陀的询问,一一肯定地答复“有”,佛陀于是很慈悲、严肃地说:“假如一个国家具有自由民主的政治,上慈下孝的民风,信仰宗教因果,这个国家必定是富强的,外国的侵略是不会胜利的。”

雨舍大臣听了佛陀含蓄的开示之后说:“佛陀,我很惭愧,侵略战争是不会胜利的,我已懂得了。”

(四)经济生活的道德

佛陀为我们揭示了“一切皆苦”的实相,更告诉我们解决痛苦的根本方法。佛教并不是要我们吃苦的宗教,佛教是指示我们如何追求究竟常乐的宗教。有人以为佛教反对享乐,要大家吃也吃不好,穿也穿不好,完全不重视经济问题;信仰了佛教,社会文明不能进步。

其实,这完全误解了佛教,佛教的确是呵斥物欲,是反对过分耽迷于物质享受,过分沉沦于物欲大海而无法自拔。佛教并不是漠视物质生活,相反的,佛教非常重视经济与物质生活。例如佛经上描写极乐世界的殊胜,就是一个很好的例子。

佛教中有一些实践苦行的人,希望借着淡薄物欲来磨炼自己的意志,我们也不完全否定他的价值;但是在普通的社会里,适度拥有物质文明的享受是合乎道德的。佛教虽然不否定经济生活的适度性,但是对于非法取得的财宝是不赞成的。举凡违背国法,如贩卖毒品、转卖人口的职业,或者违反佛法的不当工作,如屠宰、酒家、赌场,都在禁止之列,也就是和佛教不杀、不盗、不妄语、不饮酒、不邪淫等根本大戒触逆的职业,佛教都不允许。佛教也反对贪污舞弊的经济犯罪,不允许诈欺背信的行为。

除了上述各项,佛经上记载有七种不当之财不可以苟得,所谓七种非财是:(1)窃取他物;(2)抵赖债物;(3)吞没寄存;(4)欺罔共财;(5)因便吞占;(6)借势苟得;(7)非法经营事业。譬如偷盗、走私、倒会、囤积抬价、挪用公款等等都是非法的行为。求财要取之有道,非法求得的钱财,虽然眼前得到了,却种下了恶因,来世要加倍地受苦偿还。不如法得来的财宝,是不清净而罪恶的,是苦因而不是甜果。即使如法求得的钱财,也要用在有价值、有意义的地方。有钱是福德因缘所致,而懂得将钱用于合乎道德之处,更需要高度的智慧。

(五)信仰生活的道德

谈起信仰,容易令人联想到神道教的祭拜,甚至有人误解佛教也是求神问卜的祭拜宗教。其实佛教是关心生命本源的宗教,有别于一般的宗教。综观台湾目前的社会大众,信神求神庇佑赐福的人多,而信佛依佛的道理奉行的人少,在他们的认知里,佛菩萨不如神明的关系来得密切。在神庙里,我们经常可以看到信众,手中持着线香,双膝朝城隍老爷、仙公、妈祖的神案前一跪,喃喃祈求着:"神明啊!请你保佑我升官发财,中大奖啊。"

"妈祖啊!求你保佑我的儿子考上大学,女儿嫁一个理想的丈夫。"

神明是否灵验也不管,总之如此一求,心里感到一切都很满意,在袅袅升腾的烟雾中,似乎神明也频频地向他们微笑点头。可是信佛呢？佛陀告诉大众：你们要把自己的幸福、欢喜布施给人；你们要有“我不入地狱，谁入地狱”的气度；要牺牲自己，成就别人。两者比较之下，有的人心想：信佛，一切都要给人，我不是什么都失去，什么都没有得到吗？信神，神会给我黄金美眷、功名利禄。算了，我还是信仰神明好了。

一个不肖的子孙，只知向父母要求；真正孝顺的子女，只想奉献给父母。宗教的信徒也是一样，有出息的信徒，只求能奉献给宗教、给众生，不为自己求什么；没有办法的信徒，才想向宗教企求。不求什么就无所得吗？事实上，“有心栽花花不开，无心插柳柳成荫”。无所求，将来所得到的更多，《金刚经》不是指示我们无相布施的功德更大吗？

一个人把自己的一切都交托给神，让神明去控制、裁决，实在是太愚痴、太可怜了。信仰宗教，应该是寻求心灵的自由，而不是增添桎梏与束缚。佛教是讲自力的宗教；幸福与快乐，可以用自己的双手去创造。

三、佛教的道德生活

在佛教中，有些什么道德生活呢？分为下列数点来说明。

（一）随喜的道德生活

佛教讲求布施，布施有许多种，有财布施、法布施、无畏布施，布施不一定要施舍钱财，如果一定非施舍钱财不可，那么没有钱的人，就不能信仰佛教了。施舍金钱是财布施，固然是一种难得的善行，但是若能行法布施，或者行无畏布施，则更为可贵。

在普贤菩萨十大愿中，有一愿为“随喜功德”，佛教不仅讲求布施，更注重随喜。随喜布施的功德，甚至比有钱人捐献财宝的功德更大，更不可限量。什么叫随喜功德的布施？随喜是把快乐随时随地布施给他人，譬如早晨起床，遇到人说一声：“你早！”“你好！”这就是随喜布施。见到人给人一个善意的微笑，也是一种随喜布施。

随喜的道德，在日常生活中都能随时随地去实践。譬如点头招呼，举手之劳的服务，恰到好处的赞美，真诚的关心，都是随喜的道德生活。当我们吃到珍肴美味时，请朋友来共尝，会觉得食品的味道更芬芳。当我们听到金玉良言时，转告朋友一起分享，会感到人生的境界更宽广。而若能将佛法的法味珠玑，布施给自己的朋友，甚至一切众生，我们的生命会更美好，生活更充实、更有意义了。

（二）慈悲的道德生活

佛教的教主佛陀，是一个伟大的圣人，他的伟大不是高高在上的威严，他的伟大是慈悲的自然流露。他的弟子眼睛失明了，要穿针缝衣，佛陀看到了，告诉失明的比丘说：“我来帮你穿吧！”并且一针一线地为弟子把衣服缝好。有病的比丘要喝水，佛陀知道了，亲自倒茶给病比丘喝。佛陀并且还时常服侍重病的弟子，甚至污秽的粪尿、脓血，也毫不嫌恶，亲自加以清理。伟大的佛陀，他的慈悲，仿佛和风煦日，不分贵贱、高下，普及于一切。慈悲就是佛法，佛陀躬亲实践，是我们最好的启示和典范。

唐朝的智舜禅师，在外行脚参禅。有一天，走到一片山林，禅师坐在树下养息。忽然遇见一个猎人，打中了一只野鸡，野鸡受了重伤，逃到禅师的座前，禅师以衣袖掩护着这只虎口逃生的小生命。不久，猎人跑来向禅师讨回野鸡，“我的野鸡呢？还给我！”

“它也是一条生命，放过它吧！”禅师带着耐性，无限慈悲地开导着猎人。

“你知道，那只野鸡可以当我的下酒菜吗？”

猎人一直和禅师纠缠，禅师没办法，拿起行脚时随身携带的刀子，把自己的耳朵割下来，送给贪婪的猎人，说道：“这只耳朵，够不够抵你的野鸡的重量？你拿去做下酒菜好了。”

为了救护生灵，不惜割舍自己的身体，这种“但为众生得离苦，不为自己求安乐”的德行，正是慈悲的具体表现。

佛陀的弟子迦旃延，到印度边疆地区去弘法，经过了很多年，非常想念佛陀，就派小徒弟亿耳去拜望佛陀。亿耳到了佛陀那里，佛陀亲切地招呼他，并且吩咐弟子说：“在我的房间加一张床，把我的棉被分一半给亿耳，今晚让他和我住在一起。”

佛陀那么伟大，一个小徒孙亿耳，须要佛陀费那么大的心思来照顾吗？佛陀的慈悲如春晖般的细微、温暖，他亲切地对待亿耳，不仅招呼小徒孙，并且安慰远在蛮荒弘法的弟子迦旃延，让他知道：你虽然在边地，但是你的弟子到了我这里，我仿佛看到你一样，重视他、热忱地待他。佛陀这样做，不仅亿耳欢喜，迦旃延也会觉得无比的欣慰。

佛陀就是这么慈悲而又具有人情味的圣者。在《阿含经》里，记载了许多佛陀慈悲的事例。佛法的根本精神在于慈悲，一切菩萨的发心，也由大悲而起。悲一切众生的苦难，而愿意代为承受。

古人所说的"不忍人之心"就是慈悲，我们应该把慈悲的道德带入生活之中，并努力去实践。

（三）惭愧的道德生活

惭愧力量非常大，惭愧就是对于自己不好的行为、心念，感觉羞耻，知道忏悔、改正。《佛遗教经》上说："惭耻之服，于诸庄严最为第一。"虽然犯了过错，如果知道羞耻，穿上惭愧的衣服，过去的瑕疵仍然可以去除，而显得无比的庄严。古人常说："人非圣贤，孰能无过？知过能改，善莫大焉！"就是强调改过的可贵。

在南传大藏经中的《那先比丘经》里，记载着一段那先比丘和弥兰陀王谈到惭愧的话。弥兰陀王问那先比丘："一个在家的居士，已经证得阿罗汉身，对于凡夫的出家比丘，要不要礼拜？"

"应该礼拜。"那先比丘肯定地回答。

弥兰陀王觉得很奇怪，问道："为什么？"

"他虽然是未证果的比丘，但是他有惭愧心，惭愧心会激发他努力修行，不敢放逸。"

平时我们看到一个在家信徒吃点鱼肉，认为是没有关系，有人甚至认为是理所当然，大快朵颐。但是，一个出家人，他如果想吃点鱼肉，一定不敢明目张胆地吃，只敢偷偷地背着人吃，并且觉得"不好意思。"

在家人喝酒大大方方地，甚至猜拳喝彩，高声互敬："再来干一杯！"但是，一个出家人，他如果偷偷喝酒，绝对不敢公然地说："再来干一杯！"因为他有惭愧心，这个惭愧心，好比推动船儿前进的反拨于后的海水，是将来进趋更高佛道的根本力量。

那先比丘接着又告诉弥兰陀王:“没有证果的比丘,可以披穿袈裟,为弟子剃度、传戒、使佛法久住,但是,在家的弟子,即使证得初果也无法具有如此的力量。”因此不要轻视一个犯戒的出家人,他只要发惭愧心,知道忏悔,就能去除前愆;白布上的一点小污秽,可以用水把它洗干净。我们不要因看到白布上的小斑点,就大惊小怪,痛加指责,比起家里所用肮脏不洁的抹布,这小小的污点又算什么?古人说:“君子之过如月蚀,人人皆知。”就因为白布很洁白,稍有不净,人人见之。比起脏得找不到一点点洁净的抹布,是更有机会还给它本来清净的面目的。

印光大师自称为“常惭愧僧”,我们应该常常发惭愧心,想到佛法没有兴隆,众生没有得度,更须勤奋不懈;想到事业未成,德业未净,我们的心越谦虚,头垂得越低,我们的人格就越崇高。身为佛教徒如果不发惭愧心,佛教怎么有办法普及呢?因为惭愧心是救国、救民、救佛教的原动力。

(四)因果的道德生活

佛教是讲求因果报应的宗教。因果,最简单的了解,就是种什么因,就会收成什么果,也就是俗语常说的:“种瓜得瓜,种豆得豆。”因果在时间上有三世因果,在日常生活中、经济、身体、信仰等等,也各有他们的因果律存在。譬如肚子饿,吃了饭就解了饥。吃饭是因,肚子饱就是果。又如一个人勤勉不懈地工作,因此赚了很多钱。努力工作是因,赚钱就是果。胡适之先生有一句话说:“要怎么收获,先要怎么栽。”因果观并不是宿命论。宿命论认为一切的得失成败,冥冥中由命运之神掌握,努力是没有用的。而因果的观念是，所有的果报，不管善恶，都是你自己造作出来的，幸福、悲惨的选择，主权不在神而是在自己，一切的结果，是自己行为决定的。

过去的不幸，可以靠不断的努力，使它转变为幸福。因果观是肯定努力、上进、修行，充满乐观进取的道理。佛教常说："善有善报，恶有恶报；不是不报，只是时辰未到。"我们要坚信因果报应的丝毫不爽，谨言慎行，守身护心，不要造下恶因，尝到恶果。因果是一定会报应的，只是时间快慢有别，有的现世就受报，有的来世才受报，有的多生多劫才受报。

在我们的日常生活中，如何配合因果的道德生活？有一个小孩，和朋友发生了摩擦，跑到山谷大叫，发泄内心的忿闷，他对着幽深的空谷叫着："我恨你！我恨你！"话声刚落，幽谷里突然传来"我恨你！我恨你……"的回响，久久不绝。

小孩子沮丧地回到家里，伤心地向母亲哭诉："世间上所有的人都恨我。"

母亲问明原委，于是牵着孩子的手，到了依旧宁静无声的山谷，"孩子，现在你对山谷说：'我爱你！'"

小孩子照着母亲的话做了，立刻从山谷四面八方传来"我爱你"的声音。

这则故事告诉我们：用爱才能赢得爱，以恨对待恨，恨意只有加深。

一个人长得相貌端正，是从忍辱中修持而来的。世间上最难看的脸孔是忿怒的脸，时常保持心平气和，自然显现端好的相貌。贫穷是因为悭贪不知施舍，悭吝贪得，不能与人结缘，失去许多助缘,自然贫穷。名位由恭敬中获得,下贱因骄慢而生;瘖哑是毁谤佛法的恶果,盲聋乃不信四谛的受报;长寿是因为懂得行慈悲,短命则起因于杀生,诸根不具是破戒的报应……在因果的道德生活里,每一个人对于自己的所作所为,是无法逃避责任的。我们应该把因果观念牢记心里,一言一行、一举一动都务求合乎佛法准则。

(五) 戒律的道德生活

戒律是佛陀为了调伏弟子们的身心,所制定的种种规矩。好比学生要遵守校规,军人要服从纪律,国民要奉行法律一样。作为佛陀的弟子,不论在家、出家,除了要皈依三宝,更要受持佛陀所制定的戒律,能够如此,身口意三业自然不会有差错。

有人或许会认为戒律是束缚行动自由的枷锁,何必自找麻烦,受戒律的拘束。事实上,如果我们能够遵守戒律,确实不违,反而能够得到更大的自由——解脱。譬如我们开车,都能遵守交通规则,不抢穿红灯,不横冲直撞,车辆一定可以平平安安地驾驶。同样,如果我们能遵循戒律的交通规则,在人生的旅途上,绝对不会发生车祸,绝对不会亮起红灯。

戒律是人与人之间相处的润滑剂,"戒"虽有种种的条文与差别,但是它的根本精神是不侵犯他人,我们不侵犯他人,他人自然不会伤害我们;树敌渐少,善友日多,办起事来,自然能够左右逢源,所到亨通。因此守戒律,并不是自缚手脚,而是开拓更宽广的道路。尤其一切行止中规中矩,合乎戒律,那份不耻屋漏的心安理得,是最为珍贵难得的。

佛经上说:恶口是最犀利的刀剑,贪欲是最激烈的毒药,瞋恨是最可怕的火焰，愚痴是最漫长的黑夜，烦恼是最无底的深坑。对于这些无明烦恼，种种罪障，我们要持着戒律的铠盾，披着惭愧的盔甲去对治，才能得到世间最光亮的明灯——智慧。

佛陀在华严会上曾经说过："戒为无上菩提本，应当一心持净戒；若能具足持净戒，一切如来所赞叹。"

又说："戒为惑病最胜药，护诸苦厄如父母；痴暗灯炬生死桥，无涯业海为船筏。"

戒律，并非只有学佛者必须受持，凡属人类，都应该共同遵守。牢狱中的囚犯，多半是犯了五戒的人。古今中外，各个国家为安定社会，纲纪人伦的立法条目，也没能超越五戒的范畴。如中国儒家的五常——仁、义、礼、智、信，就是佛教所谓的五戒。不杀生曰仁、不偷盗曰义、不邪淫曰礼、不饮酒曰智、不妄语曰信。但儒家的五常，仅止于勉人律己；而佛教的五戒，就自利而言：受持五戒是入道之正因，若能精进不懈，则惑业渐消，功德渐长，最后得证圣果。就利他而言：五戒是净化人心的良药，一人受持，一人得益；万人受持，万人得益；若全世界人类共同受持，则大同世界指日可待。

（六）信忍的道德生活

有这么一段记载：

宋朝道楷大师得法后，大扬禅门宗风。崇宁年中诏住净因寺；大观年中，迁移天宁寺。一日，皇上遣使颁赠紫衣，赐号定照禅师。大师表辞不受。皇上复令开封府李孝寿亲至大师处，表达朝廷褒奖之意，大师亦不领受。因此触怒皇上，交州官收押。州官知道大师仁厚忠诚，悄声问道："大师身体虚弱，容貌憔悴，是否生病呢？"

“没有。”大师回答。

“如果说是生病，可免于法律惩罚。”州官诚恳地想为他开脱。

大师厉声答道：“没病就没病，怎可为求免于惩罚而诈病呢？”

州官无奈，遂将大师贬送淄州，闻者皆流涕不已。

道楷大师德行崇高，操守严谨，虽受皇上至荣，却辞而不受；虽遭州官惩罚，却忍辱不欺。这种由于信仰而产生的忍耐功夫，堪为后人楷模。

佛陀住世的时候，有一位比丘，有一天乞食到一家珠宝商的门口，珠宝商正为国王穿珠，见到比丘前来乞食，就立刻入内取食。不料珠子从桌上滚到地下，被一只白鹅吞了下去。珠宝商出来后，发现珠子不见了，误以为比丘窃取，便以竹杖鞭打比丘，比丘仍不说出详情，默挨杖鞭，直至身上血流溅地，白鹅引颈舐血，珠宝商盛怒之际，一棒将鹅打死。这时比丘才说出珠子被鹅吞食，珠宝商遂杀鹅取珠，并向比丘忏悔。当问明为何不事先说明原委时，比丘说道：“我若说出鹅吞去珠子，则鹅命将难保，现在鹅已被打死，我才说出真相。”

珠宝商惭愧自己的鲁莽，向着比丘拜谢不已。

为了护住畜生的一条命，甘愿忍受身体皮肉被鞭打，比丘忍辱的德行，实非一般常人所能及，这都是信仰的力量所驱使。我们身为佛教徒，应该处处以利人为前提，为国家、为社会、为佛教、为群众，以信仰的力量忍耐自己，牺牲小我，当为义不容辞之事，在我们的日常生活中，若信心坚定，自然忍耐的力量增强，唯有行此道德生活，我们的人格才能升华，生命才有光辉。

四、如何实践佛教的道德生活

了解了世间与佛教的各种道德生活，其次说明如何实践佛教的道德生活。

（一）实践八正道的道德生活

所谓正道，是离偏邪的中道，属于圣者之道，故又名圣道中道。是佛陀所明示的重要显著的道行品目。在佛陀转法轮时，说为八正道支，至入涅槃时，又增广为三十七觉支。八正道是：

1. 正见：正当的见解，即正解佛法，远离唯神、唯我、唯物等之迷谬妄见。

2. 正思：正当的思维，即远离邪妄贪欲，作真理智慧的思索。

3. 正语：正当的语言，即远离虚言、暴语、诽谤、妄语、戏论等非礼之语。

4. 正业：正当的工作，即遵守国家法律，严持律仪，有犯法之事勿做，实行高尚而善良的生活。

5. 正命：正当的生活，即合理的经济，内心常存着道德、伦理的观念，以谋求正当职业，以维持生命。

6. 正念：正当的忆念，即正心诚意，远离妄想颠倒，不失正念。

7. 正精进：正当的努力，即向正理方向努力前进，勤修戒定慧三学。

8. 正定：正当的禅定，即以真智入于无漏清净的禅定；身心注于一境，消除一切杂乱，以养成圆满的人格。

八正道又可归纳为戒定慧三学，即正语、正业、正命为戒学；正念、正定为定学；正见、正思维、正精进为慧学。中国的禅（正定）、净（正念）、律（正语、正业、正命）、密（正念、正语）各宗的修法，都是以八正道的实践规范为原则而发展出来的。

佛教所说的“正道”，不是单从理论来了解，必须在实际生活上实修。如正见的见是见解、知见、学说的意义，先说明佛陀的根本思想，再将此作为自己本身的思想。在实践修行的当初，虽不能即时成功，最少必须绝对地信仰，将它当作目的而活动。

正思维是把佛陀的思想当作自己的思想而思维，并且反复熟虑而自省观察。正语正业则是在以正见为目的的活动过程中，口的言语要从于正见，身体的起居动作也要从于正见，如此正思、正语、正业，即为一般所谓的身口意三业清净。

正命的命是生活，即在生活中统合了身口意三业，生活的一切均与正见吻合。正精进的精进，是努力策励的意思，在思、语、业、命中都存在着。正念的念是专念集注而且常念不忘，表示正精进的内面，即正见的现前。正定的定，一般义译为三昧，表示心一境相，正定就是修定。在古德的注释中，常把正见乃至正念当作正定的助缘资具，显示出正定为目的的倾向；同时又有将正智、正解脱放在正定之后，表示正定是一种手段、方法，而不是目的。

在“八正道”的学说中，没有包含任何世外或者神秘的要素。完全是日常生活的指导，此中充分包含信仰和道德的要素，指示人类生活中应该遵守的准则，若依序渐次实践，则能解脱无明烦恼，获得清净愉快的生活，这就是佛教真正的道德生活。

（二）实践六度的道德生活

一般不了解佛教的人，以为信了佛教就应该放弃人世，妻子儿女要远离，功名财富要抛弃，观三界如牢狱，视生死若冤家，一切都没有使人留恋的价值，必须避之唯恐不及。其实，这些都是对佛教的误解，学佛的人，无论对于国家或人类，对于生命或财物，均须用理智的功夫，作正确的认识，不必过分热爱，也不要过分冷淡。因为过分热爱，便不免被世间情感所左右；相反地，过分冷淡，便不免孤独、消沉，而偏于出世。

真正大乘佛教的道德生活，是中道的生活，所谓“佛法在世间，不离世间觉”。一个信仰佛教的人，应该正确地认识世间，在日常生活中融以佛教的思想，以佛教的道德为基准，此即是“六度”的道德生活。“六度”本是菩萨乘的出世善法，但是菩萨乃是大心众生，以出世的高深修养，做入世的利生事业，故六度为人生的善法，亦即佛教道德生活的规范。

所谓六度——

1. 修布施行，不但自不悭贪，亦令人受惠受益。

2. 修持戒行，不但自不毁犯，亦不毁犯他人。

3. 修忍辱行，不但自不瞋恚，亦不瞋恚伤害他人。

4. 修精进行，不但自不懈怠，亦教人不懈怠。

5. 修禅定行，不但自不散乱，亦教人不散乱。

6. 修智慧行，不但自不愚痴、不邪见，亦教人不愚痴、不邪见。

一个佛教徒在日常生活中，若能勤修六度，以六度作为自己道德生活的准绳，再以六度法深入社会，普利大众，则六度即为人生最高的善行了。

在六度中，持戒、禅定、智慧三者，即所谓戒定慧三学，可以对治贪瞋痴三毒，能克制人类自私的念头。如持戒就不会自私，不会自私，贪念就不会生起；如禅定就不会损人，不会损人，瞋恚就不会生起；如修慧就不会无明，不会无明，愚痴就不会存在。贪瞋痴一除，行布施度，则仁慈的悲心油然生起；行忍辱度，则坚毅的精神就可具备；行精进度，则勇猛的力量充实一切。所谓菩萨自利利他，自觉觉他，此即大乘佛法的道德基础。

明了佛教对道德的看法之后，更重要的是须将这些观念建立在自己的思想里，并于生活中实践，如此，对我们的家庭、人际关系、事业、生活各方面才能真正有所帮助，而臻于究竟圆满的境地。

1978年10月17日讲于台北“国父纪念馆”

生活与修持

生活中的修行，
只要让自己做人无愧于天理、无负于人道，
如此修行，才是真修行！

佛教与一般哲学的差异，在于佛教不只是讲知识、理论，更注重虔敬的信仰和完美的道德，以及如实地修持。

今日佛教最令人悲痛的事，不是没人信仰，没人研究，而是真正修持、证悟的人太少。很多人将佛法的道理说得天花乱坠，却没有真正将佛法理论付诸实行。例如：佛教讲“慈悲”，我们却没有慈悲；讲“布施”，我们仍然自私，贪而不舍；如此，佛法说得再多、再好，于事又何补呢？佛教人士平常所谓的诵经、拜佛、持午，只是口头上、形式上的。真正的修持，应从生活行为中，表现戒定慧；在语默动静里，息灭贪瞋痴。

《金刚经》云：“所谓佛法者，即非佛法。”又说：“所谓一切法，皆是佛法。”这两句话的涵义十分耐人寻味，若以这两句经文，来演绎佛教对于修持的要旨，即为：“是佛法的，有时不是佛法；相反地，不是佛法的，有时却是佛法。”譬如：念佛是佛法，拜佛是佛法，诵经、打坐、布施、持戒全是佛法；但是，如果在念佛、拜佛、诵经、打坐时，心里直生妄想，起贪瞋痴；或以沽名钓誉之心而行布施，则此时，是佛法的也不是佛法了。

古代丛林参学的教育，可说是打骂教育，眼睛不可乱看，嘴巴不可乱说，否则随时挨打挨骂。如在禅堂参禅，无理三十棒，有理也三十棒。打也好，骂也好，看起来与佛法无关，甚至有人认为太过分、不近人情；事实上，为加速一个人的完成，为求证佛法大意，有时却不得不如此。因此，这时的打或骂，也变成佛法，所谓“棒喝下的禅悟”，正是此意。

佛陀住世时，其首座大弟子舍利弗和目犍连，有一天来到庵摩罗园，许多年轻比丘看见长老师兄回来，都欢喜相迎，一伙人喧哗讲个不停。佛陀看到了，大声喝道：“舍利弗、目犍连，出去！你们叽叽喳喳吵个没完，好像渔夫撒网，被网上来的鱼蹦蹦跳跳的，一刻也没停止，你们这样像话吗？”

弥兰陀王曾为此事而问那先比丘：“佛陀没有修持吗？怎么也有那么大的瞋恨呢？”那先比丘回答说：“好比一个人走路时，被树根、树枝绊了一下，或者走路不小心，摔了一跤，这不能责怪大地，因为大地并没有动摇，只怪自己不小心。佛陀如大地一般，无好恶喜怒，法制如此；是舍利弗、目犍连本身的问题，佛陀并没有动摇他的喜怒。又如我们看见父母打骂子女，或者部队长官训斥属下，有时也很严厉，但那是慈悲，并非瞋怒。”

以下将“生活与修持”分成四点说明。

一、修行的种类

修行的种类很多，略分为五种来分析解说。

（一）修身与修心

修身，包括修眼、修耳、修鼻、修舌、修身。日本日光东照神宫的门梁上，有三只雕刻的猴子，神态逼真，其中一只用手掩着眼睛，一只捺着耳朵，一只捂住嘴巴，这象征着什么道理呢？如同《论语》所说：非礼勿视、非礼勿听、非礼勿言、非礼勿动。佛教也主张修身须先修口，不要随意恶口、妄言、绮语和两舌。

记得我年轻时，有一次咳嗽到喉咙发不出声音，无法讲话。因为在佛门里待久了，所以许多事情比较能够看得开、放得下，当时便想：哑巴是世界上最不会造口业的人，做个哑巴也好。又有一次，患了风湿症，约有一个月，躺在床上不能动弹，医生说必须将腿锯断，否则很危险。许多人替我挂念，可是我心里却想：锯断也无所谓，省得在外面东奔西跑，又可安心在家读书、看经、写文章，也是一样啊！

对于怎样修身？怎样修眼？怎样修耳……佛法里都有很好的指导。记得我15岁在戒场受戒时，老师特别训练我们，叫我们眼睛不准乱看。当时我还只是个小孩，有时听到外面有一点动静，举眼要看，老师马上一个巴掌打下来，一边还骂道："看什么呀！这里有哪一样东西是你的？"我心里想："没错啊！这里没有什么东西是我的。"有时嘴巴好讲话，有什么事情，总欢喜建议、饶舌，才一开口，又是一个巴掌打下来："你讲什么？这里是什么地方，有你讲话的资格吗？"心里一想："没错啊！这里是佛堂，怎么能轮到我讲话呢？"因此，一再地勉强自己，不要乱看，不要乱说。后来我干脆不讲话，实行"禁语"，当时大约有一年不讲话的经验，这期间我获益很大。现在回想起来，觉得过去老师对我的严格打骂，真是恩惠如山之高、如海之深。

过去有一位修行的老和尚，在深山的古寺里打坐入定，有一个魔鬼想来扰乱他，破坏他的道行，却想不出用什么法子来破坏。

有一天，魔鬼变成一个没有嘴巴的怪物，出现在老和尚面前，想恐吓老和尚。老和尚一看，却说："这是什么东西？怎么没有嘴巴呢？"

接着又用慈和的口吻道："没有嘴巴也好，既没有嘴巴，就不会乱吃东西、乱说话了。"

魔鬼一看，吓不倒老和尚，又变成一个没有眼睛的魔鬼，老和尚一看，说道："怎么又没有眼睛呢？其实没有眼睛也不要紧，以后就不会乱看了。"

魔鬼见老和尚还是不怕，接着又变成一个没有手的怪物，老和尚见了，仍然平静地说："没有手也很好，没有手以后就不会去打牌、不会乱打人了。"

就这样，任凭魔鬼变来变去，老和尚都无动于衷，最后魔鬼干脆变成一个只有上半身、没有腿的怪物。老和尚仍然说道："怎么没有腿呢？没有腿也好，没有腿就不会乱跑，以后也不会随便上酒家、跑舞厅了。"

可见，我们的五官和四肢，有时也会变成修行上的障碍；修身，必须先照顾好自己的五官和四肢，不要随意向外攀缘。

一个人除了修身以外，还要修心，我们的心就像盗贼一般，难以捉摸，难以把握。人，把一个如同盗贼般的心养在家里，专门破坏好事，未免太危险了。王阳明先生曾说："破山中贼易，破心中贼难。"

有时候，常听人埋怨，怪别人不肯听自己的话，其实最不听话的，是我们自己。我们的心翻来覆去，心猿意马，你能把自己的心好好地把握住吗？所以要修心，令心能听自己的指挥。我们的心，如同大元帅，统领了很多的魔军魔将，贪瞋痴慢疑的烦恼，都以心为首领。所以要修行，便要与做大元帅的心、与统领烦恼魔军的心交战，这一仗，是很不容易打的。

修行者，要做一个征服魔军的统领，要有坚强的盔甲，以信仰、道德、慈悲、戒律护身，才能胜过心里的贪瞋烦恼等魔军魔将。一个人身体上有老病死诸苦，心理上有贪瞋痴等烦恼；身体上的老病死易于知晓，但心理上的贪瞋痴，则不易对治。

举个例子说明：贪欲如同花朵，瞋心如同蜜蜂，愚痴如同米糠。贪心何以如同花朵呢？花儿开放时，千娇百媚，一旦凋谢，却枯萎不振。人的贪欲亦然，要这样要那样，好比花朵开放般，即使你拥有了一切，甚至全世界都归属于你，你又能怎么样呢？“良田千顷，日食究竟几何？”“大厦万间，夜眠不过八尺。”贪得再多，又有什么用处呢？

瞋恚心如同蜜蜂，害人又害己。蜜蜂咬了人，自己也活不成。所谓：“一念瞋心起，百万障门开。”又谓：“瞋恚之火，能烧功德之林。”凡事常发脾气者，最后还是自己吃亏。爱发脾气的瞋恨心，并不能解决问题，只会使问题越弄越糟。

愚痴并不是没有知识，聪明的人也有愚痴的时候，所谓“聪明反被聪明误”，知识生病了就会变成“痴”。愚痴如“糠”，“糠”把白米遮盖了；一个人如果愚痴，就会障碍真正的智慧；智慧不生，无明频起，对于世间的真理，永远无法了解。

关于身心的修行，《增一阿含经》将它分为上中下三品，其中最下者是“身行道而心不随”，表面上伪装得很慈悲，嘴里说得很动听，态度也表现得很亲切，一副德行高超、道貌岸然的模样，其实心里却不是那么一回事，所谓“满口的仁义道德，满肚子的杀盗邪淫”，这是最下等的。其次，中等的修行是“心行道而身不随”，外表看起来不起眼，但是，内心却很慈悲，也真正有道德。第三种的修行是“身心皆行道”，则内外一致，是最上等的修行。

一个人为什么要修行？主要是训练自己意志坚定，如同制造瓷盘瓦罐，须经过火焙日晒，时间愈久愈坚固。

修行的人，应以何者为力量？小孩子想要东西吃，想要大人抱时，他会放声大哭，这一哭，母亲马上过来哄他、抱他、给他东西吃，因此，“啼哭”就是小孩子的力量。凡夫以“瞋恨”为力，有人对不起他，或做事不如他的意，他就大发脾气，骂人、吵架，甚至拿枪动刀，你也奈何不了。修行人以“慈悲”为力、以“忍耐”为力。一个人想考验自己到底有多少力量，可先看自己的慈悲到什么程度，忍耐能到什么程度。菩萨以“精进”为力，以难行能行、难忍能忍的精进作为他的力量。

由此可知，身心都需要修行，只有修身不修心，不能出三界；专修心而不修身，虽有出离三界之可能，却难以证得最高品位。无量亿佛中，没有病弱的佛陀，因此我们应该身心兼重，以“难行能行、难忍能忍”作为自己的力量，如果身心皆无佛法，不但自身毫无成就，也是佛教最悲痛之事。

（二）出家与在家

修行种类的第二种，是出家与在家的不同。就出家人的修行而言，小乘的比丘，必须有出世的思想，过离欲的生活，穿破烂的衣服，甘于淡薄的饮食，住在山林水边，独自修苦行，这就是小乘的修行法。大乘的比丘，因推动人间佛教，有时生活看起来和社会大众一般，吃饭、穿衣，寺庙修饰得富丽堂皇，佛像装置得庄严肃穆，环境到处整理得清洁舒适；其实，大乘佛教的比丘，一样要有出世的思想，只是更需要有入世的精神。至于在家居士的修行，首先要受持三皈、五戒、八关斋戒，或是菩萨戒，然后再进一步修持有关大乘宗派的法门，如参禅、念佛等。

过去在佛教界有一个不好的现象，就是出家人在弘法布教时，往往以自己的尺度、自己的修行方法，来要求在家信徒，开口闭口便叫人要吃素、要出家、要修道。或是告诉人不可以贪财，因为黄金是毒蛇；不要儿女，因为儿女是冤家对头。于是有人心里想：我们家庭夫妻很恩爱，儿女很孝顺，为了信仰佛教，却要我把他们都看成是冤家对头、是讨债鬼；为了生活，我们需要钱，你却说黄金是毒蛇。这样弘扬佛法，如何能将佛教推广呢？

所以，小乘苦行的出家人思想，并不适宜于在家人的生活。人间的佛教应该知道：儿女不是讨债鬼，夫妻也不是冤家聚头；黄金不是毒蛇，富贵也不是什么不好的东西。或许也有人心想：若说不要穿好衣服，为什么佛祖却要装金，装得金光闪烁的？若说眷属儿女都是冤家，为什么佛祖要度那么多徒众呢？若说吃饭要吃苦的，或不好的东西，为什么佛经上说极乐世界的大众要以禅悦为食，比普通饮食更好呢？若说装地毯太浪费，到处整理得平坦、洁净是不必要的，为什么极乐世界要用黄金铺地、要建七宝楼阁呢？

如果用苦行僧的生活来要求大众，那么，首先许多企业家、生意人就不会信仰佛教了，因为他们现代化的各种产品、设备，或是精致饮食、漂亮的衣服都没人光顾了。

在家人信仰的人间佛教，应该是一个幸福的佛教，是一个快乐的佛教，现世种种的福禄，只要取之有道，并没有罪恶，这是我们必须认识清楚的。

有一位信徒问我："假如这个社会，人人都出家了，世界岂不是要灭种了吗？"

我说："你放心，在这里出家人看起来很多，但是跟整个社会比起来，却不到百分之一。"

他又说："万一，万一都出家了，怎么办？"

我说："你不要挂念，我问你，万一这个世间都是男人，或者万一这个世界都是女人，那又怎么办？假如万一真的世间上的人都出家了，大家全部都断了烦恼，了脱生死成了佛祖，又有什么关系？"

（三）乐行与苦行

在修行的种类中，苦行固然可以修行，乐行也一样可以修行。修苦行的人，都是禁欲主义者，他们以苦为乐。苦行的种类很多，有的人只吃水果，不吃饭，大家赞美他了不起，不食人间烟火；有的人只喝水，不吃食物。也有人以不穿衣服为修行、以烤火为修行、以卧冰为修行、以日晒为修行，甚至有的以睡在荆棘上为修行。

其实，佛法并不重视不合理的苦行，如果说吃水果就是修行，那山里的猿猴，也都是大修行者了；喝水就是修行的话，那河里的鱼儿，也是大修行者了；不穿衣服就算修行，飞禽走兽不穿衣服，也是大修行者了；如此一来，所有水陆空动物都是大修行者了。

佛陀不赞成苦行的修行，当然，在功名利禄的世间，很容易迷失自己。修乐行的人，他的生活热烘烘的；修苦行的人，生活冷冰冰的。热烘烘、冷冰冰都不好，都不合乎佛教的中道生活。所谓中道生活，是在不苦不乐之间，因为苦乐都足以束缚我们的身心，唯有不苦不乐的中道才是解脱之道。

（四）钝修与利修

钝根者，根基较差，必须循序修持；利根者，则智慧较高，能够顿悟。有些人自叹根基浅薄，认为没有希望成就，看到别人聪明智慧，真是又羡又妒。其实，根基如何，都是过去世修行累积而来，根本不必羡慕，也用不着嫉妒，只要脚踏实地去修持，开悟证道终有成就的一天。佛陀的弟子中，声闻乘人被认为是佛教中的钝根者，佛陀在法华会上说《法华经》时，会中尚有五千弟子不能了解佛陀的说法而退席。但是，经典中记载：一个声闻乘人，从发心到证悟，快则只需四生即能成功，慢则要费六十劫。缘觉乘者算是中等根基，他的修行，快则四生，慢则要经过一百劫。至于上等根基的菩萨乘，成佛也要经过三大阿僧祇劫的修持，所谓“三祇修福慧，百劫修相好”，正是菩萨道令人歌颂赞美的地方。

（五）外修与内修

外修是形式的，内修是精神的。有一种人只重形式没有精神，有一种人是只重精神不拘于形式。只有外修形式的人，着重在每日拜佛多少、念佛多少，内心净化了没有他可不管。很多拜佛、念佛几十年的人，心里的贪瞋烦恼、自私怨毒却比别人更多，所以真正的修行要能内外一如，形式、精神同等重要。

二、修行的次第

修行的次第，可依不同层次来解说。

（一）菩萨修行的层次

佛教中的菩萨，如同学生一般，分成一年级、二年级、小学、中学、大学等层次，菩萨的年级共有五十一阶位。所谓菩萨，并非是指供在佛堂上的菩萨，只要有人起信，从十信开始，即堪称菩萨一年级。以下列举“菩萨十法”，以这菩萨十法，便可测知自己是菩萨几年级，每一个问题能完全做到者得 10 分。

1. 若闻讥毁，心能堪忍：完全能够忍受别人的讥讽、侮辱，毫不生恨者可算满分；只能忍受一半者得 5 分；能够忍受三分者得 3 分；完全无法忍受别人的讥毁，则是零分。

2. 若闻称赞，反生惭愧：有人称赞你，心里觉得惭愧，是真正的发自内心的惭愧，可以得 10 分。

3. 修道欢喜，自庆不傲：自己庆幸自己修道、利他的成就，但不因此感到自傲。

4. 人之惭耻，不为宣说：对于别人感到惭愧羞耻的事，不加以渲染。

5. 不为世事，而作咒术：不要为了世间上的事情，去怀恨、咒骂别人，或者怨天尤人、施放法术。譬如自己把钱拿去放利息，结果被倒闭了，心生怨恨，就“该死、该死”地咒骂不已。能够不这样的话，就可得到10分。

6. 少恩加己，施欲大报：别人对我有些许恩惠，心中念念不忘，所谓“滴水之恩，涌泉以报”。

7. 怨恨己者，恒生善心：对于怨恨自己的人，要对他好，以慈善心待他。

8. 见有骂者，反生怜悯：别人骂我们，不但不因此生气，反而怜悯他的无知冲动。

9. 视诸众生，犹如父母：对一切众生，都能如同父母兄弟姊妹般看待。

10. 拥诸所得，乐于助人：将自己所拥有的，欢喜与人共享。

以上10条，可以测验自己是不是菩萨？有几分是菩萨？或者不及格？

（二）罗汉修行的层次

做个罗汉到底困难不困难呢？罗汉的悟境有四种，即初果罗汉、二果罗汉、三果罗汉、四果罗汉。

初果罗汉，叫作须陀洹，到达须陀洹果的条件是：对于三宝不坏信仰；对四圣谛、八正道、十二因缘等基本佛法不生疑惑；对于受持的戒法，不可违犯；杀父、杀母、杀阿罗汉、破和合僧、出佛身血等五无间罪不可毁犯。

其次，初果罗汉对于五戒的看法、受持和没有证果的一般凡夫有何不同？譬如“杀生戒”，未证果的凡夫，恣意杀生，为了口腹，什么都杀；至于初果罗汉，他宁可饿死，也不会为了吃而杀生；但是，如果你激怒了他，或者你诽谤佛法，为他所知，他一气之下，也有可能会杀生。

至于“偷盗戒”，初果罗汉绝不会为了发财而去偷窃，他宁可守住贫穷；不过有时饥饿难忍，只要有东西吃，他也可能会去偷吃一些。关于“邪淫戒”，证得初果的罗汉在感情上当然不会有染污行为，不过在今日社会，诱惑太大，一而再，再而三，有时他也会接受美色情欲的诱惑。至于“妄语戒”，若为了救人，他有可能会说谎。提到“喝酒戒”，告诉他饮酒会犯很大的罪过，他是不会相信的。

一个初果罗汉的人，或者是信佛修行的人，万一犯了五戒，不必太紧张；凡是有修行的人做错了事，犯了过失，他的罪过要比一般不修行的人轻一点。好比将一把盐放在茶杯里，会觉得很咸；如果将它放到大海里，它的咸味就淡了。一个有修行的人若犯了罪恶，这罪恶就如同一把盐洒在大海里，罪过较轻。

学佛的人，犯了罪过，要知道忏悔，虽说“因果报应丝毫不爽”，但也不必想得那么恐怖，须知“罪业本空由心造，心若灭时罪亦空”，罪恶只是“相”上的问题，“性”上没有罪业的名称，如果我们能证悟清净自性，所谓“明心见性”，则相上之罪恶即不成为严重的问题了。修行者犯了罪过，如同大石将沉入海底，用信仰修持的大愿船，则可将大石托住，免于下沉，即是“信能得救”的道理。初果罗汉之完成，尚须“七次上生天上，七次投生人间”，并断尽我见结、戒禁取结、疑结等烦恼，方得成就。

在圣位中，初果是最可贵、最难得的，得了初果，可说生死已了。如破竹一样，能破第一节，第二节以下，就可以不费力的一破到底。证了初果的人，断了见惑，生死已获得解脱，如大树连根拔起，只是其余未断的烦恼——修所断惑，尚滋润着固有的业力，使他生在天上人间。好比大树虽连根拔起，但是在短时期内，仍会发芽开花，这是大树本身所保有的生活力在维持其生机，若不供给水分与肥料，终究会枯黄死去。

初果的圣者，虽未断修惑，但生死的根本已了；虽仍有隔阴之迷，但决不像凡夫一样。或经过进修，或经过人间天上的七番生死，修道所断的烦恼，大大地削弱了力量，可说是断去了一分。剩下的修惑，所能滋润的力量，已只有一生天上，一来人间，再不能延续下去。故二果名为“斯陀含”，即“一来”的意思。

证得二果的圣者，若再进修，当生即能证得“不还果”，即三果阿那含；或是返来人间，只剩这一往天上的生死。已证阿那含果者死后，离欲界而上生色界，或无色界，一定会在那边入涅槃，不再复还来生欲界了。若从断烦恼来说：欲界的一切修惑，到此已断尽了，所以不再感欲界的生死；即除初果时断尽的我见、戒禁取见、疑见外，又进一步地断尽了欲贪和痴。欲贪，指欲界的贪欲，断尽了欲贪，而证得三果的圣者，虽身在人间，但对欲界的五欲，已经不再染着。

从初果而二果、三果，现生不断进修；或三果阿那含死后，生到上界，圣道现前，到了断惑究竟净尽时，就能证得四果，名为“阿罗汉”，是真正堪受人天供养的圣者。证到了这个阶位，即杀尽了一切的烦恼贼，不再有生死的生起，故将阿罗汉译为“应供”、“无生”或“杀贼”。

经上说：证得了阿罗汉果，即断尽了系缚三界的一切烦恼。烦恼断尽后，依烦恼润生而感果的故业，也就不再生效，更不会再造新业，因此未来的生死苦果，更无生起的因缘，而得入于不生不灭的无余涅槃。罗汉的修行，到此即为最究竟的果位。

综合前面所述，修行证到四果者，有如下三种特点：

1. 光明如日月：证得阿罗汉果的圣者，智慧现前，内心断尽了烦恼，如乌云被冲散，显现了太阳光明。阿罗汉的光明，正如日光朗照，处在万里无云的晴空中一样。

2. 不染如莲花：证果的阿罗汉圣者，清净如同莲花一样，他的言行不会再犯威仪。虽然没有舍报之前，仍然生活在世间；但是心不贪住，意不执着，不入于色声香味触法的六尘境界，即不受杂染的环境所熏变，有如莲花生长在淤泥中，仍能保持微妙香洁。

3. 安住如大地：证得阿罗汉果的圣者，有大禅定、大智慧，身心已安住在微妙的正法之上，寂然不动如同大地一样。大地常受世人践踏、耕种、挖掘，甚至堆积垃圾等秽物，但是，大地却分毫不动。证果的阿罗汉，在接触六尘境界时，或是合意的，或是不合意的，都不会再起贪瞋之心了；一切毁誉得失，他也都不再动摇了。苏东坡说的“八风吹不动”，那就是阿罗汉的境界。

（三）禅者修行的层次

禅门有句话说：“小疑小悟，大疑大悟。”又常说：“要提起疑情”、“要大彻、大悟”，疑情是什么？又彻悟什么？这些都不是言语文字所能表达的。

曾经有一个卖豆腐的老头儿，卖完豆腐，经过一家寺院，在禅堂外见到很多人正在打坐，一时好奇，也盘腿坐了起来。一支香结束，有人问他感想如何？老头儿说：“太好了！坐禅太好了！”

“好在哪里呢？你倒说说看！”

“我在打坐时，想起了三十年前，东家村有个姓张的，欠了我二十块豆腐钱。”

众人一听，哈哈大笑。如果这种参禅也是一种悟境，是否叫作“豆腐禅”呢？

宋朝大学士苏东坡，有一天到金山寺拜访佛印禅师，两人盘着腿对坐论禅。苏东坡问道：“禅师看我这样子像什么？”

佛印禅师看了一下苏东坡，答道：“像一尊佛。”

说完，禅师反问道：“学士看老僧像什么？”

苏东坡看他肥胖地穿着黑色大袍，便答道：“像一堆牛屎。”

佛印默然。苏东坡心里甚是得意，以为几次斗机锋都输给禅师，这一次可赢回来了。晚上回家，得意洋洋地把经过情形诉了苏小妹。苏小妹一听，皱起眉头说道：“哥哥你输光了，还是佛印禅师赢呢！”

苏东坡如堕五里雾中，不明其中道理。苏小妹说：“禅师的见处是佛，因此他看你也是佛；你的见处是牛屎，因此你看禅师也是牛屎。禅师得胜鸣金，当然沉默不语，你却还自鸣得意呢！”

禅的境界就是如此，苏东坡以为自己大胜，其实却败得凄惨。

佛陀到忉利天为母亲摩耶夫人说法，经过三个月，又回到人间来，弟子们争相出外迎接，莲华色比丘尼第一个走到佛陀面前，欢喜地一边礼拜，一边说道：“佛陀，弟子莲华色第一个来迎接您的圣驾，请佛陀接受弟子的拜见。”

佛陀慈和地说道：“我的回来，第一个迎接我的是须菩提，他在耆阇窟山的石窟中，观察诸法的空性，他才是真正见到我、迎接我的第一人；唯有见法的人，才能第一个见到佛陀，第一个迎接佛陀。”

这正是说明莲华色比丘尼和须菩提所修证的境界不同，须菩提体证到诸法的空理，因为法性是无处不遍的，佛陀的法身也是无处不在，因此，须菩提能第一个见到佛陀。诸法的空性是不变的，只因证悟者的心境不同而有所差别，譬如三兽过河，足有深浅，而水无深浅；又如三鸟飞空，迹有远近，而空无远近。

禅者的修行，是身心相应的全一修行，禅门将参禅证悟的境界，分为三关，即三个阶段。有关“三关”之说，从何时开始，历史上没有详尽记载；禅宗的祖师们，多运用三句问题，反复探测学人的境界，所以称为三关。最明显的是黄龙慧南禅师，他常问学人：“上座生缘在何处？”

学人还没能够回答，禅师又问：

“我手何似佛手？”

接着又问：“我脚何似驴脚？”

学人如堕五里雾中，咸认为是龙祖的三大难关。后人即以三关作为三段证悟的境界，命名为初关（又名本参）、重关、牢关。有些禅门的行人，利根者一悟即三关透彻，有的一次透破二关，普通则继续地参，逐一地破，由此可知三关并非有固定的阶段，只看各人的根基如何。有人曾将三关配于教理，即破初关得人空，破重关得法空，破牢关证空空。证悟的境界，并非笔墨或言语所能描绘得出，诚如古德所谓“如人饮水，冷暖自知”，只有每个人各自去亲证了。

（四）净土修行的层次

“净土”这个法门，易行难信，在《佛说阿弥陀经》中，佛陀亦说念佛法门为世间难信之法。因此，要修持净土法门，当先建立信心，依信心为支柱，然后生起行动，方能因果圆满。否则，佛门虽大，不度无信之人；有了信心，而后发愿，由愿生行，所谓"信、愿、行"为净土三资粮，譬如离家远行，一要资财，二要粮食，缺此二事，则难到达。

信者：当笃信佛力，弥陀如来，在因地中，发四十八愿，愿愿度生，其中有："念我名号，不生我国，誓不成佛。"今因圆果满，我若念佛，必得往生。其次，信佛力慈悲，摄受众生，如母忆子，子若忆母，如母忆时，一定蒙佛接引。

愿者：愿以此生誓往西方，更愿既生西方，复回娑婆，度脱一切众生。

行者：即老实念佛。

信、愿、行，为修净土法门的诸行者少不了的资粮。因此，古德的净土经论及现今的诸师净土论章等，凡谈及往生的要事，都离不了这三秘要之法。

净土的修持法门很多，可大致分为三类：(1)持名；(2)观想；(3)实相。修持此三种法门，皆可生于净土。其中"实相念佛"，即是入第一义心，观佛法身实相，所得三昧，是真如三昧，亦名"一行三昧"。这一法门，本来属于禅宗，但因禅心所显的境界，便是净土，因此亦摄于净土法中。此法非上上根器，不能悟入，故中下两根，便不能普及，所以在净土法中，很少有人提倡，而归禅门去提倡。

其次是"观想念佛"，这是依照《观无量寿经》中，对于阿弥陀佛极乐国的依正庄严，作十六种观法，观行若得纯熟，则开目闭目皆是极乐，马上可转此娑婆为净土，即身便能畅游极乐，功效之大，不可言喻，修此法所得之三昧，为般舟三昧，亦名佛立三昧。只是这种观法微细深玄，有五种难成：一者，根钝则难成；二者，心粗则难成；三者，无善巧方便则难成；四者，认识不深刻则难成；五者、精力不足则难成。若要根利、心细、聪巧，还要印象深刻、精神强旺，实在不容易，因此，这种法门也不能普及，亦属难行门。

再次就是"持名念佛"，持名比上述两种念法容易得多，不论上中下根基，皆能念佛，若能念到一心不乱，便能得三昧，所得三昧是为念佛三昧。持名念佛法，经过两千多年来，佛门大德不断提倡和实行的结果，已成为最普遍、最深入民间的佛法。持名念佛的方法，因念佛时的环境和心境，以及念佛人的根器不同，念法也有种种的不同。譬如：

1. 高声念：念时声音洪大，其效用可治昏沉，提起精神，扫除杂念。

2. 默念：口不出声，但在心里明明白白，适用于公共场所或旅游。

3. 金刚念：声调在高声与默念之间，一句句口念分明，耳听分明，心想分明，佛声能在身口意中不散失。

4. 追顶念：字句紧急，一声追一声，中间毫无空隙，杂念无从生起。

5. 觉照念：一念念回光返照，向于自性。

6. 观想念：一面念佛，一面观想佛身相好，佛国庄严。

7. 礼拜念：拜佛念佛同时进行。

8. 记数念：以念珠记念佛次数。

9. 十口气念：以尽一口气为度，用追顶法念佛，当出气已促，再吸一口气，方能续念，名为一口气，如是十次，故名为十口气念。

如何持名念佛，可随各人根机、环境而定，唯须念到浑然忘我，如古人所云："念而不念，不念而念。"蕅益大师说："得生与否，全由信愿之有无；品位高下，全由持名之深浅。"

（五）一般修行的层次

除了上述菩萨、罗汉、修禅、修净土者有其修行的层次外，有关一般修行的层次，亦可分几点说明：

首先说到皈依三宝，三宝是佛法的总纲；皈依三宝，是进入佛门的第一课。一个发心学佛的人，第一步必须先皈依三宝，皈依三宝的人才算是真正的佛教徒。三宝的功德无量无边，若不皈依三宝，则无缘受用。

皈依三宝之后，除尽形寿以至诚心来受持外，进一步还要受持五戒，即不杀生、不偷盗、不邪淫、不妄语、不饮酒。能不杀生，则得健康长寿；能不偷盗，则得大富大贵；能不邪淫，则能家庭和谐；能不妄语，则能受人赞誉；能不饮酒，则不乱性。受持五戒而能持戒清净者，可说是众福之所归。如能守持净戒，现生不受国法，且能受到社会的尊重，真是人天爱戴，天龙护持。从受三皈继而持五戒，在修学的路程上又进了一层。

佛法中，从发心信仰，到究竟证悟，尚有解、行的修学过程，皈依三宝，进而受持五戒，是修持的表现。《大毘婆娑论》说："有信无智，增长愚痴；有智无信，增长邪见。"这是说明发心学佛，除了信仰以外，"解"、"行"并重的重要性。

已受持五戒，如能进而持八关斋戒，则佛道上又前进一步。在家的佛弟子，不能出家修行，而对于出家生活，又非常钦慕，因此佛制有八关斋戒，即在一日一夜间，学习出家行。佛陀曾依修学者的环境、根性，制订不同的应守的规律，除五戒、八关斋戒外，有十善业为德行的根本。十善业，在大乘佛法中，属菩萨戒，亦为人、天、声闻、缘觉等一切善行的根本。如《海龙王经》所说："十善业道，是生人天，得学无学诸沙门果、独觉菩提，及诸菩萨一切妙行，一切佛法所依止处。"由此可知，发心学佛，除受持净戒外，更须进一步在日常生活中广修善业。

除上述十善业外，更应以"八正道"为生活的准绳。所谓"八正道"，即正当的见解、正当的思维、正当的语言、正当的职业、正当的生活、正当的禅定、正当的忆念、正当的努力；能将佛法融合在生活中，才可称为一个正信的佛弟子。

佛陀的弟子中有小乘的声闻、缘觉，以及大乘的菩萨，正信佛弟子从发心学佛、持戒修善，更应由自利进而利他，由自度进而度人。自利利他、自度度人，为菩萨的发心；在家修行者，除自身修持外，更应发心修持菩萨行，即发心护法，协助法务进行，或作有利于他人的事业。所谓修菩萨行，不出六度。"度"即梵语波罗密多，意为到彼岸，即修行者依菩萨乘，如乘一大船，能由生死苦恼的此岸，度到解脱涅槃的彼岸，完成自利利他的事业，而证佛果。

六度，即：(1)布施：以金钱去救济贫苦者；或以自己所修学的佛法，去劝化他人，使之共闻佛法，离苦得乐；或牺牲自己所有，去救度一切众生。(2)持戒：自己遵守佛陀的规律，再以所修的善法去摄受他人，同受法益。(3)忍辱：忍受他人的破坏怨恨、讥讽，以及一切的苦恼。(4)精进:能勤断一切恶,勤修一切善,勤度一切众生。(5)禅定:身心安定,不受动摇。(6)智慧:勤修一切事理正智。

菩萨六度的精神,是积极、恳切,而具有甚深意义的。这种微妙、深奥的道理,是佛陀在过去无量劫所亲证修验的。只有信仰佛教的弟子们,才有机缘闻此大法,因此,一个正信的佛弟子,必须躬亲实践,护持佛法,令佛法深入人间;以真诚恳切的态度去创造事业,造福于社会人群。如果人人都能信奉佛教,进而勤修六度法门,自利利他,则社会安定、国家和乐、世界太平的理想净土将不难实现。

三、修行的利益

修行的利益,可归纳为下列六种:

(一)训练身心强健

修行可以使身心强健,譬如拜佛,晨起拜佛,睡前拜佛,是一种最好的健身运动;如饭后跑香,帮助消化,俗语亦说:“饭后千步走,活到九十九。”又如朝山礼佛,一则可以接触大自然,舒展心胸;一则可以增长信心,广结善缘。称名念佛,则是修养心性的一种妙法,譬如等候公交车,百无聊赖,与其为车子久久不来而烦躁,不如静心念佛,毫无气恼。打坐、修观,亦是澄净思虑的最好方法。

信仰佛教,不可把他看作百宝灵丹,一般人无理的要求,以为只要信仰,就没有痛苦,没有死亡。其实,烦恼痛苦、生老病死乃人生必然的现象。只是有了信仰,有了修行以后,身心的力量加强了,可以无惧于生老病死之苦,如证果阿罗汉,一日一食,树下一宿，山林水边，逍遥自在。有了修行以后，身心的抵抗力增强，对于外在物质的缺乏、灾难苦恼等都能够忍受；若毫无修行，则心力脆弱，见到别人轿车、洋房的生活，内心受不了诱惑，而苦恼不堪，所以说修行可以令身心强健。

（二）净化烦恼习气

一个人的大小烦恼之多，如同恒河沙数，没有修行，绝对无法对治；习气亦然，所谓“江山易改，本性难移”，佛经中有大迦叶闻歌起舞、舍利弗照镜子的记载，这些都是过去生中遗留下来的习气，可知积习之深。欲净化这些习气，唯有修行才是最根本的办法。

烦恼时，该怎么对治？诵经、拜佛、观想佛陀的慈容，或者高声念佛，借佛的慈悲力来化除烦恼。一个人拜佛时，专心一意，头虽然低下去，但是心灵却因此而升华，无明烦恼也随之消失净尽。反之，一个不懂得修行的人，当烦恼生起时，无法自抑，因此大发脾气，与人争执，非但烦恼不能消除，反而旧恨未去，又添新愁。

在《普门品》中，佛陀告诉无尽意菩萨说：“若有无量百千万亿众生，受诸苦恼，闻是观世音菩萨，一心称名，观世音菩萨实时观其音声，皆得解脱。”即是告诉我们要修行，修行可以获得很多益处。

（三）蒙受三宝加护

修行者，眼睛不乱看，耳朵不乱听，嘴巴不乱说，心里不乱想，身体不乱做坏事，当身口意三业清净时，即使三宝慈光不加被，本身亦会清净。何况做各种功德，修各种善行，人间天上都赞美了，三宝岂能不加护持呢？所谓“得道者昌”，一个善良的人尚能获天降祥瑞,何况一位修行者?

佛陀在菩提树下修行时,曾感猿猴献果;唐朝善导大师,一心念佛,非力竭不休,虽寒冬亦须念至流汗,以表至诚。后来善导大师每念阿弥陀佛一声,就有一道光明从其口出,念十声百声,光明也是一样,而且旁人都能看到。《普门品》中提到:若有执持观世音菩萨名号的人,无论在什么大火之中,也不会恐怖火的燃烧,这是由于菩萨的威德神力。又说:如果面临伤害或杀害的时候,称念观世音菩萨的名号,刀或杖就会一段一段的折坏,既不能打,又不能杀。这都是说明一个人只要有修行,随时都能获得三宝的加护。

(四)常得人天尊敬

一个有修行的人,他的举止安详,语言慈和,富于慈悲心,无论到哪里,都会受到人天的尊敬,处处也会受到礼遇。因此,修行人要好好爱惜自己的身份,保护自己的人格。

佛住世时,大弟子须菩提尊者在岩中晏坐,入定在空三昧的禅思中,那甚深的功行,感动了护法诸天,很多的天人出现在空中,散着天花,一朵朵彩色缤纷,都飘落在须菩提尊者面前,并且合掌赞叹道:"尊者,在世间做人,有高远的名声,有众多的财宝,并不让人觉得尊贵。即使那些国王、富豪,他们一样终日被烦恼欲望所囚。尊者,世间真正尊贵的,是如你这样的大修行者,你的威德之光,照彻了天宫。伟大的须菩提尊者,请接受我们天花的供养,我们向你顶礼,表示我们的敬意。"

又有一次,须菩提尊者患病,身心疲惫。这时,护法的帝释天带领500人,向须菩提尊者奏乐问病。

唐朝道宣律师，跟随师父听律一遍即欲游方，师父呵止，令道宣听完十遍。后来道宣律师持律精严，为世间所少有。一日，道宣律师夜行山路，因道路崎岖，甚为难行，几乎要摔跌时，忽然，有一天神将他扶住。道宣律师问道："你是什么人？"

对方答道："博叉天王之子张琼，因师戒德严谨，故来护卫。"

由此可知，一个修行的人，时时能获得人天的尊敬与护持。

（五）可以明心见性

有句话说："玉不琢，不成器。"古时的磨镜也是一样，不经过一番琢磨，镜子的亮光显现不出来。越是上等的艺术品，所需的琢磨工夫越多，人类也是一样，佛说："一切众生皆有如来智慧德相，只因妄想执着不能证得。"如同空中的乌云，覆住了太阳的亮光，唯有除去烦恼的乌云，才能显出真如本性。如何驱除烦恼的乌云？则须靠修行的力量；唯有修行，才能认识自己的本来面目，才能证得真如实相。

自古以来许多高僧大德，都是从苦行中磨炼出来的，譬如六祖惠能大师在舂米房中舂米，雪峰禅师当饭头，印光大师当行堂等；也有以弘法利生作为修行、以从事文教工作作为修行者。所谓"不经一番寒彻骨，焉得梅花扑鼻香"，自古没有天生的释迦，也没有自然的弥勒，一个人要有成就，必须精进不懈；要明心见性，必须认真修行。

（六）永断生死苦恼

人生在世，最苦的莫过于生死，亲人临命终时，那一份生离死别的苦楚，如刀刃在心上乱割，真是肝肠寸断。如何才能免去这种痛苦？佛陀告诉我们，唯有永断生死苦恼，进入不生不灭的涅槃。怎样才能永断生死苦恼，进入涅槃呢？佛说：唯有修行。

一个人若不修行，则永远不能出头。平时只做些功德，至多仅能获得人天果报，虽然在天界得以享福，但福报享尽了，仍须堕落受苦，不能出离生死。唯有发出离心，厌离尘世的欲望，不为欲望所缚，再以入世的精神，从事弘法度众的工作，才能出离三界的生死苦海。过去诸佛以及大菩萨等，能出离生死苦海，逍遥于常寂光中，都是经过多生多劫的刻苦修行与磨炼，才能有所体证。

据旧《华严经》卷二十六《十地品》中所载：修行能得十种自在。所谓“修行十自在”，即是：

1. 时自在——命自在；
2. 处自在——心自在；
3. 物自在——舍自在；
4. 周遍自在——业自在；
5. 大小自在——生自在；
6. 有无自在——心自在；
7. 动静自在——信自在；
8. 深浅自在——愿自在；
9. 无碍自在——法自在；
10. 不自在亦自在——智自在。

四、修行的方法

一个人在日常生活中应该如何修行？下面分为四点来说明：

（一）如何处理衣食住行

衣服，为蔽体之用，但求整齐、清洁、简单、朴素，不必奢求华丽，但也不能故意穿着垢秽破烂之衣，来表示修行。衣服不整齐，或太华丽，为世人所讥；若穿着太垢秽破烂，也会为人所耻。佛陀曾教弟子于穿衣时，当念偈："若着上衣，当愿众生，获胜善根，至法彼岸"、"若着下裙，当愿众生，服诸善根，具足惭愧。"、"若整衣束，当愿众生，检束善根，不令散失"。

饮食，是为了增益身心，不必拣挑美食。佛陀曾教诫弟子于饭食时，须作五种观想，即：

1. 计功多少，量彼来处。
2. 忖己德行，全缺应供。
3. 防心离过，贪等为宗。
4. 正事良药，为疗形枯。
5. 为成道业，应受此食。

粒米维艰，来处不易，所以吃饭时，不能作贱饭粒，想到农夫的辛苦，应怀着感恩的心情，欢喜的受食；又想到为了资养色身，修行办道，更不能挑剔饮食的美恶。

至于住、行当以方便为宜，不应贪求享受。以佛法来说，一个修行的佛弟子，要时时警策自己的生活，不能流于糜烂，须以禅悦为食，以道德为衣，以虚空为安住，以无牵挂、自在的心境为行，不汲汲于物质的追求，而为物欲所束缚。

（二）如何安排身心世界

有些人进餐时，非山珍海味不能进食；穿着时，非绫罗绸缎不能为衣;居住时,非高楼洋房不能为屋;行走时,非轿车不能代步,一旦在物欲横流中迷失了自己,试问如何修行办道?一个修行的人,不能太重视身心的安适享受,但也不矫枉过正,过分虐待自己的身心,衣不衣,食不食,以表示自己的清高操守,若因此糟蹋了自己的身心,又拿什么来修行佛道呢?佛说"人身难得",又说"借假修真"。一个正信的佛弟子,必须适当地安排自己的身心,不迷失于物质的诱惑,又能精进于修行办道。如《法句经》说:"弓工调角,水人调船,材匠调木,智者调身。"又《心地观经》也说:"观自身如新生子,慈母怜愍,恒加守护。我身亦尔,若不守护,病之身心,即便不能有所修证。"

佛陀曾说:一个人得病有十种因缘:(1)久坐不饭;(2)食无贷;(3)忧愁;(4)疲极;(5)淫妖;(6)瞋恚;(7)忍大便;(8)忍小便;(9)制上风;(10)制下风。一个修行的人,应该懂得安排自己的身心,虽是四大假合的色身,却是一失人身,万劫难复。

(三)如何和谐人际关系

一个正信的佛教徒,在人际关系上,应该如何与人相处?我以16个字,作为人我之间的相处之道,即"你大我小,你有我无,你乐我苦,你对我错"。一般人在人我之间常常发生争执,不外乎为了我大你小,我有你无,我乐你苦,我对你错等问题,如果在地位上,把大的让给他人,自己甘居于小位,争执就无从生起了;在物质上把多的,或有的给他人;在工作上、享受上,把轻便的、快乐的给他人;凡事错的自己承认,果真如此,则人我之间,绝无争执的事端,大家必能和乐相处。

或许有些人会以为，把大的位置让人，把物质、享受等让人，自己承认一切错处，岂不成为天下最大的傻瓜？其实，“大智若愚”，那被认为是最大的傻瓜，才是真正最有智慧的。世间上的物质，不论积聚多少，终有散失用罄之时。

人生所要争取的，除了名位、物质、享受之外，还有很多，譬如高尚的人格、精神上的信仰、逍遥自在的人生等。众人要的功名富贵就给他，众人不要的人格道德自己好好拥有，如此则不但在人际间可以与人和谐相处，自己在人生的修持上亦可获益良多。

（四）如何使用金钱财物

佛陀曾经说过：“金钱是毒蛇。”但是一个在家修行的人，却不能没有金钱财物，妻子儿女的生活费、教育费、医药费，如果没有钱财，又如何能安置他们呢？但是，若一味地为赚钱而拼命，毫无精神的修持生活，钱财尽管再多，这种人生也未免太没有意义了。

一个佛教徒，除了日常生活所需外，可以挪出一部分钱来布施，因为一个人的福报有用尽的时候，恰如银行的存款，不继续储存，则有用完之时，因此，平时必须为自己多种些福德，帮助一些需要救济的人。

孝顺父母乃为人子女该尽的职责，在金钱中还须分出一些来孝养父母，让父母在老年时能安然地过日子。此外，发展事业、储存急用、旅行参学等，都需用到金钱。我将金钱的运用归纳划分如下：3/10 作为生活、教育费，3/10 用于发展事业，1/10 布施社会、供养三宝，1/10 供养父母，1/10 参学旅行，1/10 储蓄，以备不时之需。

金钱只要取之有道，不必顾虑它是毒蛇，重要的是如何使用金钱。若只知储存、积聚，不知修福，不知供养，即使有再多的金钱又有何益处？一旦无常来临、大限一到，届时都要两手一放离开人世，留下庞大的家产，可能还会令兄弟阋墙、子孙争吵，岂不枉费了一生的辛劳。《南传经集》说："有信仰的人最富贵，具道德的人最安乐，肯修行的人最安住，有智慧的人最可贵。"所谓修行，就是先要把人做好，诚如"人成即佛成"。生活中的修行，只要让自己做人无愧于天理、无负于人道，如此修行，才是真修行！

1978年10月18日讲于台北"国父纪念馆"

生活与般若

心中有佛，佛就在我心中，
所以有佛法，就会有般若。

般若是什么？郁郁黄花皆是般若，如果懂的话，世界上什么都是般若；如果不懂，什么都不是般若，甚至念经拜佛都不是般若。

我们住的房子里，挂几幅画、摆几盆花，这个家庭里的美感就不一样。般若之于生活，就好比有了画、有了花那般美丽。

长得漂亮的女子，抹上淡淡的胭脂更增加妩媚，般若对人生也像胭脂的功用。以下分几点来说明般若与我们生活的关系。

一、什么是般若？

（一）“般若”和“非般若”

世间什么都是般若，什么也都不是般若。比方念经、拜佛、修行，都是般若的显现，但是当我们念经拜佛时，妄想纷飞，妄念不断，那念经拜佛就不是般若了。骂人、打人，是很粗鲁、很不应该的行为，可是老师、慈母，他本着爱心、慈悲心打他的学生，骂他的孩子，希望他成长；如此骂也好，打也好，也未尝不是般若。

一般人都以为般若就是智慧，或者是知识。事实上，并不是这么简单。一般的知识是从事相上去认识世间，那是分别意识，不究竟；般若即大圆镜智，普照世间，还我们的本来面目，从本体上来认识世界。所以般若和智慧有所不同。知识有利、有弊；有好的知识，有不好的知识。从中国的造字来看，当“知”识生病就变成愚“痴”了。

般若不容易解释，也是言语道断，说出来就不是般若了，可是又不能不说，以下我用智、情、意，三者总合起来，或许能说到一点相似般若的意味。

所谓“智”，是透过自己的心灵、智慧，而能对世间万事万物的真相，有了正确的了解。

要看清世间一切真相并不容易。一本书、一张桌子、一个茶杯……它们的真相是什么？人我是非、感情苦乐……各种心识活动的真相又是什么？对这一切的外境、内相，我们都能清楚明白吗？就是因为不能认识真相，把一切看错了，才有颠倒妄想，才有是非烦恼，假如有般若智慧，对世间一切都能认出真相，就没有痛苦烦恼。

有一位老太太，每天很虔诚地到寺院去做早课，一天早晨，天还没全亮，她走在路上不小心踏到一个东西，“是一只青蛙！”老太太心想：“糟糕！佛教讲不杀生，我今天踩死一只青蛙，这个罪过很大呀！”她心里很难过，忧忧愁愁地做完早课。回家路上，她特地去找寻那只被她踩死的青蛙，此时天色已明，她仔细一看，原来不是青蛙，是一只茄子！认出了真相，她就不再忧伤烦恼了。

我们世间往往也是只知其一，不知其二，假如知其一，也知其二，认识真相，认识诸法因缘，如何有这些颠倒妄想、是非烦恼呢？

“情”是一种不为苦乐所动的真情实义。人间的有情众生，所拥有的都是是非好坏，患得患失，苦乐交杂的感情。假如能超脱这种人我的感情而能净化升华，不为苦乐、好坏所动，就是般若了。

所谓“意”指止恶向善的意志，对于止恶向善，有着永远不灰心、永远不懈怠的意志。能认识诸法真相，情绪上能不为苦乐所动，并恒向善道，如此即体得般若的妙义。

（二）般若的层次

般若有深浅的不同，可分成四个层次：一年级、二年级、三年级、四年级，或者小学、中学、大学、研究所。初步小学的般若是“正见”，是我们凡夫的般若。什么是“正见”？正见有善有恶、正见有业有报、正见有圣人有凡夫、正见有过去有未来。

中学的般若是“缘起”，是二乘罗汉的般若。所谓“缘起”，就是宇宙的一切都是关系的存在，都是条件的聚合。如我们看到周遭所有的房屋、大众、桌子、地板、花草树木，就晓得这个“结果”，必定有它潜在的“原因”，如有钢筋水泥等因缘条件，才能聚合成房子；有种子土壤，才能成为花草树木。所以我们要从结果上面去推求寻找原因，看到花开，就知道花农要付出多少的辛苦；看到一所大学，就想到这么伟大堂皇的建筑，当初是投入多少的智慧、多少的金钱来建设的。

佛教的教主释迦牟尼佛，在印度菩提树下的金刚座上悟道，觉悟的就是缘起真理。所以见缘起即见法，见法即见佛。

大学的般若是“空”，是菩萨所认知的般若。“缘起”真理的法则，是“果从因生”、“有依空立”、“事待理成”。而宇宙万有的现象就建立在“空”的上面。空才有，不空就没有。“空”是菩萨才能体会了解的境界，“空”不是没有，“空”是建设有的。所谓空即是色，色即是空，在真空里才能显现妙有。

一般人很害怕谈空，以为“空空如也”、“四大皆空”，其实不然，假如懂得“空”，心如虚空，世界是我心中的世界，一切万有是我心中的万有，这是多么富贵，多么富有。

有了凡夫的“正见”、罗汉的“缘起”、菩萨“空”的认识，再往上高升，就如同到了研究所，此时的“般若”，就是佛的境界了。

二、般若的妙用

（一）能知苦、灭苦

有了般若就能知苦、灭苦，没有般若，不知道苦，因为苦中作乐是我们的人生。或许有人不觉得人生苦；青春美貌、身体健康，吃得好、穿得好，家里钱财多，日日过得很快活，不感到苦呀！但是这许多东西能永久存在吗？百年大限一到，能不苦吗？人生的苦，有时是苦处的苦苦，有时是快乐会消失的坏苦，还有那不乐不苦的会变异的行苦。现在有了般若，明白我们苦的来源，是由我而生，由我才有苦，我与人的关系不协调、我与物质的关系不协调，自然界天灾、水灾、震灾，社会上的贪官、污吏，政治不平……种种的痛苦，无不是由于“我”的存在。

（二）能观空

《般若心经》说：“观自在菩萨行深般若波罗密多时，照见五蕴皆空，度一切苦厄。”五蕴就是我，五蕴一空就可以度一切苦了。

“一切皆空”意谓整个宇宙世间都是我们的，何必去纷争那几十个平方米的土地呢？所看到的一切人，都是我的心上人；一切万物，宇宙虚空都是我心内的东西。所以真正讲起来，世间上没有一个贫穷的人。只要有佛法、有般若，就有办法。有佛法、有般若，就拥有富有的、真善美的人生。若能如此，即到达“是诸法空相，不生不灭，不垢不净，不增不减”的不生不死的境界了。

一般人最怕的两件事情，一是“怕鬼”，二是“怕死”。其实，有了般若，鬼并不可怕，死更不必怕。

有了般若，会认识“死不是没有”，死了之后还会再生。如花凋谢了，种子还会再生长，继续开花结果；房子坏了，拆除之后，将来还可以建一个更高的大楼；衣服坏了、身体坏了，再换一件衣服、换一个身体就可以了。

生命如一串的念珠，一粒叫张三，一粒叫李四、赵二、王五，在生死的轮回中，天上、地狱、饿鬼、畜牲，生生世世流转不息，不会少一点的。因为业力把我们生命的过去、现在、未来联机，生生世世给串连在一起。所以说，人是死不了的，死的是“身体”，“生命”永远不死；色身有时间性，慧命在般若里，则可以证悟无限的寿命，可以获得永恒自在。

有了般若，可以观空自在。空是不定形的，摆到茶杯里的空是圆形的，纸箱里的空是方形的；空没有相，给它什么样的空间，它就是什么样子。空也好像是拳头，拳头是“有”，一张开就“没有”了；其实，五根手指是拳头，拳头也是五根手指。所谓空即是色，色即是空，是变化无碍的。这个拳头，打你一拳，你会告我打人；帮你捶背，你会感谢我；同一个拳头，用法不同，意义就不一样了。所以，般若有什么用？端在它的巧妙运用！

三、般若与生活

思想、观念、心念，对人的一生影响重大。假如我们的观念里，看到每一个人都存有感谢的心，会觉得这个世界很美好。所以说："心如工画师，能画种种物。"心可以画出美丽的世界，美好的人间。

我们想过一个怎样的人生？心里时时地念着别人的好处，念着别人的善处，念着慈悲，念着友爱，念着感恩，念着真实，就能成就当下的净土。以下分四点说明般若和生活的关系。

（一）般若的处世

我们常说"做人难，人难做"，处世确实不简单，不过，有了般若，处世就不艰难。比方说，有了般若，你和我不是对待的，你我原来是一体的。我身上流血、流脓，我不会嫌弃，我会用心地洗涤、敷药、包扎保护，因为这是我身上的疮。

如果把一切众生，好或不好都视为我的兄弟姐妹一样，就不会有你我对待的痛苦；或者和别人的立场调换，设身处地为对方着想，也很容易起慈悲心。我经常提倡的"你大我小、你对我错、你好我坏、你有我无、你乐我苦"，即是般若的妙用，能够实行则受用无穷，运用如此的般若处世，自然能事事顺遂、做人成功。

（二）般若的思想

心中所想都是美好的，则所见世间人都很美好，都是有缘人，而会生起报答回馈、广结善缘的欢喜心，这就是般若的思想。

有三个愁云满面的信徒，去请教无德禅师，如何才能使自己活得快乐？

无德禅师问："你们先说说自己活着是为了什么？"

甲信徒说："因为我不愿意死，所以我活着。"

乙信徒说："因为我希望我老年的时候，儿孙满堂，会比今天好，所以我活着。"

丙信徒说："因为我有一家老小靠我抚养，我不能死，所以我活着。"

无德禅师告诉他们："你们当然都不会快乐，因为你们的活，只是由于恐惧死亡，由于等待年老，由于不得已的责任，却不是由于理想、责任，人若失去了理想和责任，就不可能活得快乐。"

甲乙丙三位信徒齐声道："那请问禅师，我们要怎样生活才能快乐呢？"

无德禅师道："你们认为得到什么才会快乐呢？"

甲信徒说："有了金钱，我就会快乐了。"

乙信徒说："有了爱情，我就会快乐了。"

丙信徒说："有了名誉，我就会快乐了。"

无德禅师听后，深深不以为然，就告诫信徒说："你们这种想法，当然永远不会快乐。当你们有了金钱、爱情、名誉以后，烦恼忧郁就会随着后面占有了你。"

三位信徒无可奈何地说："那我们怎么办呢？"

无德禅师回答："首先，你们必须改变观念，金钱要能布施才有快乐，爱情要肯奉献才有快乐，名誉要用来服务大众才会快乐。"

外在的一切,终不是究竟、长久的快乐。改变观念,拥有般若的思想,才是生活快乐之道。

(三)般若的生活

所谓般若的生活,是一个人能大能小、能有能无、能多能少、能早能晚、能忙能闲、能高能低、能退能进、能苦能乐、能富能穷。每一个人都有其本性的性能,有的人性能很好,有的人性能不好。

有用的人生,是无所不能的。人人具有般若的本性,也应该能过般若的生活,有了般若,一杯茶的味道就不一样;有了般若,别人骂我,是在替我消灾;有了般若,钱被人家倒闭了,当作是过去欠他的。般若会让我们在生活中不瞋不怒,安然自在。

(四)般若的教化

有了般若,教化自然不同。

在妙善禅师的金山寺旁,有一条小街,住了一个贫穷的老婆婆,与独生子相依为命。偏偏这儿子忤逆凶横,经常斥骂母亲。妙善禅师知道这件事后,便常去安慰这老婆婆,和他说些因果轮回的道理。逆子非常讨厌禅师常来家里,有一天起了恶念,悄悄拿着粪桶躲在门外,等妙善禅师走出来,便将粪桶向禅师兜头一盖,刹那腥臭污秽的粪尿淋满禅师全身,引来一大群人看热闹。

妙善禅师却不气不怒,一直顶着马桶跑到金山寺前的河边,才缓缓地把马桶取下来,旁观的人看到此狼狈相,更加哄然大笑,妙善禅师毫不在意地说道:“这有什么可笑的?人身本来就是众秽所集的大粪桶,大粪桶上面加个小粪桶,有什么值得大惊小怪的?”

有人问他："禅师你不觉得难过吗？"

妙善禅师道："我一点也不难过，老婆婆的儿子慈悲我，给我醍醐灌顶，我正觉得自在哩！"

后来那忤逆的儿子为禅师的慈悲所感动，改过自新，就向禅师忏悔谢罪，禅师欢欢喜喜地对他开示："父母养育之恩山高水深，不能好好孝养，反而打骂犯上，如此不孝，何以为人？"

受了禅师的感化，逆子从此痛改前非，竟以孝声闻名乡里。

禅师把人体看作是大的粪桶，并且不厌恶粪尿之臭之耻，是他的般若智慧，因此而感化逆子痛改前非，更是他般若的教化。

常有人问我："佛陀现在在哪里呀？"有缘佛出世，无缘佛入灭。佛在哪里？佛是无处不在，无处不遍。心中有佛，佛就在我心中，所以有佛法，就会有般若。因此以般若智慧来看人生，没有生死，没有生灭。在般若、涅槃的世界里，没有你我的对待，没有时空的限制，没有生死的轮回，不在三界内，超脱于无形中，这就是般若的人生，是真正的解脱自在。如果能认识空，证悟般若，那就是我们永恒的人生。

1990 年 4 月 14 日讲于高雄文殊讲堂

行为平坦的道路

行为平坦的道路，要靠我们每一个人脚踏实地去建设，
过程虽然很辛苦，但是只要熬过日晒雨淋的艰难，
就能享受风驰电掣的乐趣。

每天我们身体所做的事情、口里所讲的言语、心中所起的各种意念，如果没有一条平坦的道路，给予我们身口意三业一条正确的指南，行为就可能产生偏差，而造成不幸的后果，可见平坦的行为道路之重要。以下分为四点说明。

一、怎样认识行为善恶的标准

我们的身体、言语、念头所表现出来的行为结果，有善有恶，如何认识我们行为的善恶标准，导恶向善，可以从几个角度来探讨。

（一）善恶是非，难以辨别

有些行为很难遽然辨别它的善恶标准，有时看起来是凶恶的行为，细细推究它的情形却是救人的善心；有时看似助人济世的利行，却反而害了对方。譬如杀人本来是犯罪的，但是当一个无恶不

作的歹徒被绳之以法，执行法律的刽子手快刀杀了他，这种行为究竟是善，还是恶的呢？刽子手在处决犯人的时候，可能也会耿耿于怀。同样的杀人，恶徒的杀人是怀着凶残、暴戾的瞋心而杀人，而执行法律的刽子手对于杀害的对象，没有深仇宿恨，只不过替国家执行一项除暴安良的工作，两者的动机不同，两者的行为结果自然大异其趣。因此，我们不可以一般"杀人就是罪恶"的标准，去衡量刽子手的职务。

杀害别人有罪，那么杀害自己有没有罪过？在法律上对于自杀虽不加以判决，但在佛教认为自杀不仅是愚痴的行为，并且是罪恶的行径，因为个体的生命不仅仅属于自己所有，我们的生命既然由父母、家族、社会众缘所成就，就应该回馈于大众，岂可私自毁灭？何况自杀以后不仅无法解决原来的问题，且犯了杀业，终究不能获得解脱，何必作践自己的宝贵生命呢？杀人有罪，杀害昆虫动物有罪吗？如喷洒农药、DDT，杀害蚊蝇害虫，罪孽重不重？一般来说，杀生是有罪的。有些人也许会说：我是种田的，我是卖农药的，我不要信仰佛教，因为佛教主张不杀生，不杀害虫我何以维生？其实纵然你不信仰佛教，你不杀生，还是一样有罪。佛教是人本的宗教，同样杀生，杀戮人类的罪比杀害其他动物重。虽然如此，我们也不可以此为借口而滥杀生物，不得已而杀，也要存着慈悲心为生物祈福。

杀生是罪过的行为，说谎打妄语也是罪过的行为，既然如此，以后遇有什么事情，噤若寒蝉，一概闭口不言，一定万无一失，不会有差错了。但是从佛教的不妄语戒来看，仍然犯了戒律。子虚乌有的事胡乱制造是非、挑拨离间，不该说而说是妄语；有人作奸犯科，知而不言故意包庇对方，该说而不说也是妄语。譬如发现了一个犯人，不去检举，因而危害到国家社会的安全，同样是犯法、犯戒。佛教说不恶口，要多赞叹，不过对方明明是个大坏人，却对他阿谀奉承，从佛法来看，赞叹固然容易入佛道，非法的赞叹反而是妄语。

从另一个角度来看，打妄语是不当的行为，但是有时打妄语却是慈悲的菩萨行。譬如医生安慰患了绝症的病人，虽然打了妄语，动机则是善良的；再如我们到别人家里拜访，过了吃饭时间，主人问你："吃饭了吗？"明明未吃，却回答说："吃过了。"像这样，为了怕打扰对方，纵然欺骗了对方，但出发点是纯正无罪的。因此我们的身口意行为，有时很难辨别出是是非非、善善恶恶的标准，所以保持意念的正知正见是非常重要的事。

（二）善恶好坏，一般标准

善恶是非既然很难判定它的标准，那么，世间是不是就没有善恶是非了呢？佛教认为善恶好坏仍然有它的依据，因而对我们的身心活动订有十条善恶标准，也就是所谓的十恶与十善。所谓十恶是指：

1. 杀生：举凡杀人、伤害、杖打、鸩药、下毒等都是。
2. 偷盗：如抢劫、窃盗、诈欺、侵占、贪污，乃至违反票据法等。
3. 邪淫：如重婚、强奸、有伤风化、妨害家庭、拐骗人口等。
4. 妄语：如诬告、伪证、造谣、背信、教唆、欺骗等。
5. 两舌：如挑拨、离间、搬弄是非，人前人后说话不一致等。
6. 恶口：如骂人、毁谤、讥讽、嘲笑等。

7. 绮语:奉承、阿谀、谄媚、不当的赞美等。

8. 贪欲:对五欲六尘的贪执。

9. 瞋恚:如忿恨、不满、嫉妒、怨毒等。

10. 邪见:遮无因果,对父母、善恶等道德价值的邪恶见解。

十恶之中,杀生、偷盗、邪淫为身业所犯的三种恶事;妄语、恶口、两舌、绮语为口业所犯的四种恶事;贪欲、瞋恚、邪见是意业所犯的三种恶事。我们的身口意三业在无明覆盖下,做出十恶,使我们的身心在痛苦烦恼中浮沉轮回,不仅伤害自己,更危害了社会。

假如我们将世界上所有监狱里的犯罪案例作一个调查,会发现这些身陷囹圄、失去自由的犯人,都犯了十恶当中的某一件事情。如果我们知道警惕,不做这十种恶事,不杀、不盗、不邪淫、不妄语、不两舌、不恶口、不绮语、不贪、不瞋、不痴,转十恶为十善,不但自己幸福快乐,社会也多了一份安宁祥和。

(三)看是恶事,实是善事

有些行为看起来是恶事,仔细推敲却是善事。譬如杀生本来是残忍的事,但是为了救生而杀生,以杀生为救生,是菩萨的慈悲方便权智。释迦牟尼佛过去因地修行时,发现一个强盗起了贪念,要将路过荒野的500位商人害死,以抢夺他们的财富。他不得已,兴起“我不入地狱,谁入地狱”的悲心,杀了1个恶人而救了500位商人。像这种慈心而杀,不能以一般杀生的尺度来论断他的罪过。如前方的军队驻扎前线,保疆卫国,让老百姓能过着幸福快乐的生活。当敌人来侵略的时候,势必要展开激烈的杀戮,这种救万民于烽火、止暴安良的杀生,在佛教认为是以慈悲对治瞋恨的方法。

五戒当中，一般总认为偷盗罪最不容易违犯，其实不然，偷盗罪是最容易在无心的状况下触犯的。我们到公园散步，看到花朵开得很灿烂，随手摘下一朵，这花是有主之物，不经主人同意随便摘取，便是偷盗。别人的桌子、椅子，对方没有请我们坐，随意就坐上去，侵犯了对方的所有权，是偷盗。公家的信封信纸，随手拿来使用，损害大众的利益，也是偷盗。寄信邮资不够是偷盗，父母的钱不告而取是偷盗。在我们的日常生活中，违犯偷盗的概率实在太大了，而在佛教里，对偷盗罪的界定更为严格。如比丘应邀去受供，一桌的饭菜都摆好了，主人没有把碗筷给我们就取来食用，如此就犯了偷盗罪，佛教对于他人的所有权，是非常尊重的。

有一位安养比丘尼，有一天夜半睡眠时，小偷潜进来盗窃，把他仅有的一条棉被偷走了，安养比丘尼没办法，只好以纸盖在身上取暖。负责巡寮的弟子听到动静，赶到师父房间巡查守望，小偷在惊慌之际，把偷到手的棉被遗留在地下，仓皇地逃走了。徒弟捡到这床师父的棉被，进门一看，师父身上盖着纸张，缩着身子直打哆嗦，赶忙把棉被盖在师父的身上，安养比丘尼一看说："这条棉被不是被小偷偷走了吗？怎么会盖在我的身上呢？既然是小偷偷去了，就是他的东西，赶快，拿去还给他！"

弟子无奈，在师父的百般催促之下，费了九牛二虎之力，才把逃遁的小偷找到，表明师父的意思，坚持把棉被还给他，小偷受了感动，从此改邪归正，成为善良百姓。像安养比丘尼这种护贼而度贼是一种慈悲，波斯匿王治盗罪也是一种慈悲，都曾经获得佛陀的嘉许。

宋朝的一代宗师永明延寿禅师，未出家前为地方州府，有一年逢到干旱，民不聊生，他看了不忍，于是未经朝廷批准，启用库银发粮赈济。永明禅师盗用国库的事情传到了皇上耳中，皇帝大怒降罪下来，处以极刑，正要被杀时，永明禅师心想："在国法上，我虽然贪污犯罪，但是在佛法上我放生救民，是一件有功德的事，求仁得仁于愿已足，我把生命交给诸佛菩萨了。"

说也奇怪，刽子手几次行刑的时候，一只苍蝇老是绕着刀口纠缠不去，使得刽子手无法下手。监刑官于是将案情上禀朝廷，经过再三调查，终于赦免了他的罪。后来禅师出家，成为佛门大德。

贪污本来是恶事，不过永明延寿禅师为了救百姓而动用公款，出自一片爱民的慈心悲愿，真是有"但愿众生得离苦，不为自己求安乐"的菩萨心肠。

一般而言，贪爱女色是不净的行为，但是《华严经·入法界品》中的须蜜多女，却以绝代的姿色为度众的因缘，让淫欲心重的众生，透视淫欲的虚妄染污，根本熄灭淫欲的念头。道教的三茅祖师以爱心修梵行，答应寡妇的婚姻，抚孤成长之后，反而比两位师兄早成道业。末利夫人为了救厨师一命，不惜喝酒犯戒。

智舜禅师则更彻底，不仅救了野雉，还割下自己的耳朵作为猎人的下酒菜。在古德看来，只要能救度芸芸苍生，抛却生命也在所不惜，何况区区"受之父母"的身体发肤呢？这种存仁心于胸臆，置生死于度外的壮行，需要多大的勇气与慈悲！

（四）微小恶事，成为大恶

古人说："勿以善小而不为，勿以恶小而为之。"有时我们会以为区区小事，做了不要紧，殊不知涓涓滴水，年岁一久也能穿石，星星之火可以燎原，小小的罪过也会酿成天大的灾祸。譬如小时偷窃，长大以后，食髓知味，就变成大盗；小时虐待动物，成人就变成杀人魔王。更糟糕的是有些人做了恶事，不但没有羞耻惭愧心，并且沾沾自喜，洋洋得意。这种喜杀、乐杀，甚至看到别人杀而赞叹，罪业更为深重。

偷盗，自己去盗取他物固然有罪，教唆别人偷盗，甚至见人盗窃心生欢喜，同样有罪，甚至罪恶更深。

淫欲、妄语、喝酒等罪业也相同，自己喝酒，并强迫别人喝酒；自己妄语，还以别人受骗为乐；自己邪淫，并且借淫威胁对方就范。

凡此种种为见解上的错误，难以挽救。破戒好比树木折干损枝，可以忏悔改过；见解错误的破戒则如同腐烂的根茎，是无法忏悔回头的。我们切莫因为一时的邪知邪见，把微小的罪过衍化成万劫不复的重大罪孽，而留下千古的遗憾。

二、怎样策励行为向善的力量

我们的身心好比脱缰的野马，顽劣不羁，难以调伏；又像山间的猿猴，变化不定，掌握不易。如何握紧手中的绳索，调伏这匹烈性的野马，驯服这只急躁的猿猴，让它听从使唤，循规蹈矩？策励我们的行为，使它走向美善的大路，必须要做到以下几点：

（一）要有节制的感情生活

感情好比水、阳光。植物不能缺少水与阳光而存在，缺少了水和阳光的植物，固然会枯竭而死，但是水分太多、阳光太强，脆弱的植物仍然会承受不起而死亡。佛教称我们为有情众生，感情生活的需求本来是自然的事情，只是感情如果处理不当，用情过多，反被多情所苦。翻开每日的报纸，有多少因为感情纠纷而引起的不幸事件。水能载舟，也能覆舟；阳光能成熟万物，也能毁灭一切生机，使万物干渴死亡。

我们不能离开感情而生活，但是感情应该有所节制，过与不及都不恰当，应该过着中道的感情生活。把私情私爱升华成为道情法爱；把占有强求的感情净化成为奉献成全的慈悲，转有情为无情，化专情为爱一切众生的大有情。

（二）要有合理的经济生活

合理的经济生活是生存的基本要素，春秋时期管仲说："仓廪实而知礼节，衣食足则知荣辱。"佛教八正道中的正业，就是指正当的职业。有了正当的职业，生活的基本需要有了依靠，才有余力去帮助他人，服务社会。凡是不危害社会、大众的士农工商等职业，都可以去从事。佛教主张应该存财于百姓，百姓富足了，国家才能强盛，佛教有了净财，也才能兴隆，因此合理的经济生活是被认许的。而举凡伤天害理、陷民于不利的工作，譬如开辟赌场，牟取暴利；贩卖军火毒品，危及国家；私贩人口，伤风败俗；乃至开酒家、开地下舞厅等不当行业，都是佛教所禁止的。至于经济犯罪，扰乱国家的安定，纵然暂时吃到了刀口上的蜂蜜，也终会付出了割舌的血淋淋代价。君子取财有道，非分之财不觊覦。巧取豪夺，虽然一时尝到甜果，却种下生生世世的苦因。我们要追求的是永世安乐的经济生活，而不是如昙花一现般短暂梦幻的享乐。

（三）要有正常的社会生活

人是社会的动物，不能离开群众而单独生活，即使是佛教的出家生活，也是一种团体的社会生活。佛教称出家人为僧，僧是众的意思，出家人的团体则称为僧团。僧也好，僧团也好，都是表示众人在一起团体生活。每个人都无法离群索居，势必和许多人发生密切的社会关系，所以要成为健全的人，想追求幸福快乐，就必须过正常的社会生活。

如何过正常的社会生活？忍耐、谦和、慎言、宽容的涵养很重要。古人说："涵养怒时气，提防顺口言，谦恭原益己，轻薄易招愆。"做人话不可说尽，势不可使尽，凡事要留个余地。越是愤怒的时候，越要克制自己，不轻易口出恶言，伤人伤己。

佛经上说："瞋火能烧功德林。"一时的怒气，无心的言语，往往会毁掉多年辛苦培养的友谊与功德。待人谦逊包容，不骄矜恃宠，静坐常思己过，闲谈莫论人非，要常常反省检讨自己的缺失，而不斤斤计较别人的过错。宁可他人负我，我绝不负他人，以责人之心责己，以恕己之心恕人，能够以如此宽容、体谅的心来对待社会生活的一切，未来必定是一条坦荡的大道。

（四）要有德化的宗教生活

如何激励我们的行为走向美善，除了感情生活要节制、经济生活要合理、社会生活要正常之外，更要有德化的宗教生活。所谓德化的宗教生活，就是将我们的生活道德化、宗教化，把道德的崇高理想和宗教的虔诚精神融入我们的生活之中。七佛通偈说：

诸恶莫作，众善奉行，

自净其意，是诸佛教。

佛教徒吃饭时，开始动筷吃三口饭，会先念："愿断一切恶事，愿修一切善行，愿度一切众生。"意思是要做一切的好事，不做一切的坏事，帮助一切的人，这就是德化的宗教生活。如果人人都有道德的伦理观念、宗教的高尚情操，这个社会就可以消除罪恶，路不拾遗、夜不闭户的大同世界也就指日可待了。

有了德化的宗教生活，君子不欺暗室，佛子不昧自心；有了德化的宗教生活，人人修福修慧修德，个个能禅能净能律，平时动中有静，静中有动，动静一如，随缘安住，何处不是桃源净土呢？

三、怎样忏悔行为错误的恶事

当我们做错事情，行为上有了污点，应该如何忏悔改过，去除瑕疵？

（一）不可覆藏，惭愧改过

古人说："人非圣贤，孰能无过？过而能改，善莫大焉！"没有过失固然可喜，有了过失能够勇敢改过，更是难能可贵，所谓不文其过，知其过而能改，就是此意。有了过失，应该惭愧忏悔，不可掩饰己过、积小成大。

忏悔像清水，可以洗净身上的恶行污垢；惭愧像衣服，可以庄严身心的清净功德。小孩子做错事，母亲拿起竹鞭要抽打下来，但是听到孩子哇哇的求饶声："妈妈！我知道错了！下次再也不敢了。"再狠心的母亲，也软了手。所以知道惭愧认错，万恶的罪人也会被接纳原谅。同样的犯戒做恶，在家人的罪业比出家人深重，因为出家人犯戒做坏事，会有一念惭愧之心，这一念的惭愧羞耻，就是人性最为珍贵的良知良能。

（二）发露忏悔，身心清净

有了过失，在人前至诚发露表白，痛悔前愆，自然能够身心清净。臭气冲天的水沟盖得愈紧，臭气愈重；肮脏油腻的抹布愈加使用，愈见污秽。同样的，我们的行为有了污点，如果不知悔改，好比脏抹布、臭水沟，只有加速堕落毁灭，如果能发露忏悔，才有重见天日的希望。

（三）依法忏悔，出离众罪

忏悔的方法很多，如天台宗的三忏法、梁皇宝忏、慈悲水忏、金刚宝忏等都是。天台宗的三忏分为：

1. 戒律门：受持戒律，不违犯戒律。有的人也许会认为佛教的戒律太不自由，束缚我们的行动；受了戒，做错事会犯戒，不受戒就没有罪了。这是错误的想法，好比一个人不懂国家的法律，触犯了国法，仍然要接受法律的制裁；不受戒行恶，还是犯戒，犯戒一样逃不过因果的报应。何况戒是自由、平安的轨道，行为的列车唯有在一定的轨道上行走，才不会出车祸，车毁人亡。

2. 功德门：平常修福修慧，与人结缘，乐于帮助别人、服务社会，都是未来解脱得度的资粮。

3. 无生门：无生门是佛教最高妙的忏悔思想，有的人做了错事，也接受了法律的惩罚，但是对于曾经犯下的错误，老是耿耿于怀，甚至社会有时也不能接受悔改的浪子，从佛教来看是不正确的。因为“诸法无我”，罪业也是空无自性，不会永久存在，“本无罪业，此心能造此心消”，我们的身心行为能制造种种的罪业，也能消除种种的罪业。忏悔如慧日，罪业如霜雪，至诚恳切的忏悔必将罪业溶化于无形。

（四）勇敢改过，能得安乐

佛陀教诫：“戒律重如地，傲慢高如山，烦恼多如草，心念快如风。”戒律的大地最为厚实，傲慢的高山最难攀登，烦恼的蔓草滋长最快，心念的疾风最捉摸不定。我们的心念快如迅雷闪电，一念之间遍及法界三千，成佛作祖是它，三界轮回也是它。一切的罪孽由它而起，一切的功德也因它而生，如果能够善加摄护，使心不起邪念，天堂净土就在眼前了。《六祖坛经·无相颂》说：

心平何劳持戒，行直何用参禅。
恩则孝养父母，义则上下相怜。
让则尊卑和睦，忍则众恶无喧。
若能钻木取火，淤泥定生红莲。
苦口的是良药，逆耳必是忠言。
改过必生智慧，护短心内非贤。
日用常行饶益，成道非由施钱。
菩提只向心觅，何劳向外求玄。
听说依此修行，天堂只在目前。

我们不妨依照六祖惠能所开给我们的妙方，忏悔我们行为上的错误、邪恶，还给自己本来清净的菩提。

四、怎样铺好行为平坦的道路

铺好人生的高速公路既然那么重要，那么如何成为一名优秀的工程师，为自己铺好一条坦荡无碍的高速公路呢？

（一）不犯他人的慈悲

佛教徒应该受持五戒，五戒其实是一戒，就是不侵犯戒。不杀是不侵犯他人的生命；不盗是不侵犯他人的财产；不邪淫是不侵犯别人的名节；不妄语是不侵犯别人的声誉；不饮酒是不侵犯自己的智慧，转而去侵犯他人。当有人侵犯我们的时候，我们必定很痛苦，将心比心，别人当然也不希望有人侵犯他，这种不敢侵犯、不忍伤人之心就是慈悲。假如人人都能有这份慈悲，我们的社会将会减少许多的罪恶，迈向文明开化的大道。

如何做到不侵犯的慈悲呢？

1. 不为讨便宜而侵犯别人：讨小便宜是人的恶劣习性，譬如乘公交车插队，排得好好的队伍，为了自己讨一点点便宜，抢到别人的面前，破坏整个公共秩序，即是不当的行为。

2. 不为逞己快而讽刺别人：我们的口如同一把利斧，容易伤害自己，也容易伤害别人。当别人有不顺我们心意的时候，切莫逞一时口舌之快，冷嘲热讽、谩骂讥笑。对方地位显赫了，讥讽他架子大，不念旧友故交；对方事业腾达了，嘲笑他依靠裙带关系，钻营奉承。如此说人是非，道人长短，都是要不得的酸葡萄心理。

3. 不为忌彼好而打击别人：有一些人看到一个出类拔萃的优秀者，不但不能给予鼓励，反而排挤他、诋毁他；看到别人有很高的成就，不仅不能随喜赞叹，并且嫉妒他、打击他。我们希望社会更好、更进步，必须每个人捐弃嫉妒的心理，培养成功不必在我，光荣归于大众的气度。

4. 不为护私欲而伤害别人：有的人昧于事理，感情用事，为了个人的私欲而不惜牺牲大众的利益，如都市建设计划需要拆除旧址，拓宽路面，有的人坚持拒绝政府的补偿，不拆除自己被规划在建设蓝图上的小屋，造成交通的阻塞不畅。由于私心私利，而造成社会的不便，就是侵犯他人公益的行为。

（二）遇事柔和的安忍

佛经上说："天下最大的力量，是忍耐的力量。"自古刚强必先毁败，我们的牙齿比舌头刚利，却比舌头容易蛀坏。柔能克刚，至柔的水能够穿透至刚的岩石，以柔和安忍来处事，再艰难的事也能迎刃而解。

1. 要有承顺教言的性格：一般佛弟子诵经闻法，常常只奉持了半部经，为什么呢？每一部佛经的开头是："如是我闻"，然后以"信受奉行"结尾。佛弟子通常只做到"如是我闻"，却不能做到"信受奉行"。原因是佛弟子没有承顺言教的性格，闻而不信，受而不行，如飘浮无根的蓬草，如何深植于大地？承顺教言的性格，如水受于器，如种植于地，才能落实稳健，卓然有成。

2. 要有从善如流的作风：佛教的基本要义在教导我们，对于世间的万象不起执着，才能获得解脱。但是在《阿含经》里却说：闻善言不着意的人，不具备做人的条件。意思是说听到了好话，不用心把它牢记下来，成为自己所有，并且从善如流，依照着去实践；这种游戏人间的轻慢态度，将丧失做人的资格。

3. 要有虔诚恭敬的态度：待人谦恭有礼是现代文明人必备的条件，佛教说世间有四小不可轻视，四小指小王子、小龙、星星之火、小沙弥。小王子未来长大将掌管国政，成为一国之君；小龙将来成为大龙，会兴风作浪；星星之火可以燎原；小沙弥是佛教未来的龙象。四小犹不可轻蔑他们，一切众生也不可骄慢对待他们，《法华经》的常不轻菩萨，逢人即合掌礼拜，因为在他看来一切众生都是未来佛，因此要虔诚礼敬他们。如果能将一切众生视如佛陀来恭敬，就拥有了佛心。

4. 要有克己利他的愿心：我们要有燃烧自己、照亮别人的利他愿心，好处别人享受，辛苦我来承担，你有我无，你乐我苦。一个厨师辛辛苦苦煮了一桌宴席，当他看到别人吃得津津有味，齿颊留香的满足样子，往往比他自己享受珍肴美味更快乐，这就是克己利他的态度。

（三）勤俭朴实的习惯

勤俭朴实是事业成功的要素，更是古来君子圣贤的风范。再肥沃的土地福田，不勤劳精进去耕种，还是会荒芜而没有收成；再兴隆的祖业家产，不能节俭朴实持家，终有挥霍殆尽的一天。养成勤俭朴实的习惯，事业已经成功了一半。

1. 要有勤劳工作的天性：有人工作稍微忙碌，就常常慨叹说：“我歹命，劳碌命呀！一刻都闲不下来。”忙碌不是劳碌命，不是歹薄的命，而是幸福的命。越忙碌表示你越有能力，能为更多的人服务。

孙中山先生曾说过：有十人之力则服务十人，有百人之力则服务百人。人生在世要多多勤劳，勤劳是幸福快乐的泉源，懒惰是贫穷的原因，贫穷是罪恶的根源；养成勤劳工作的习性，就是个富有的人。

2. 要有节俭心物的灵巧：平常我们讲节俭，大部分的人只知道要节俭物质、节俭金钱。除此之外，我们更要节俭时间、节俭岁月、节俭感情、节俭智慧。有许多人不能善加利用时间，把宝贵的光阴浪费于言不及义的闲谈，蹉跎了岁月，糟蹋了生命，多么可惜。有的人则滥用感情，不知节制，苦了自己，也害了别人，我们有了节俭物质、精神的灵思巧慧，就能过着不增不减的中道生活。

3. 要有朴素无华的生活：佛经上说：知足第一富。真正的财富不在外求，而在内心的财富。外在的财富为水、火、战争、苛政、不肖子孙五家所共有，内心的圣财是取之不竭，用之不尽的。恬淡朴实是我们的财富，本分无华是我们的财富。日食万钱，日用斗金，虽然令人羡慕，但是穷奢极侈往往是日后失败的祸因，朴实无华的生活才能长久，菜根香的平淡生活自有它的隽永味道。

4. 要有诚实无欺的美德：诚实是做人的基本修养，人言为信，言而无信不足为人。讲信用、信实，不仅对他人守信，对家庭守信，对国家社会守信，并且要对自己的抱负理想守信，对自己的立场原则守信。有的人一年换了三百六十五个行业，对工作不能守信；有的人常常在立志下决心，对自己的承诺不能守信。这种浮华不定的性格，注定一事无成。

（四）维护正义的勇气

《论语》说："君子无所争，必也射乎？"佛陀也教育弟子僧团以不争为贵。古圣前贤不争个人荣辱,不逞匹夫之勇,但是当正义公理受到危害,则能发挥道德勇气,为保护真理圣教而忘躯。由于有这些先哲卫道护教、积极为善的精神,真理正义才能流传于人间。

1. 要不乱杀而给人方便:我们要以悲悯的慈心,设身处地为他人着想,给对方方便,帮助他、成就他,不仅不杀害他的生命,尤其不挫杀他的信心,不断绝他的生机,这就是济人爱物的仁。

2. 要不乱取而施人欢喜:不是自己的东西,纵然是稀世宝物也不贪想妄取,并且进而能广行布施,济贫助急,给人欢喜,这就是安分利他的义。

3. 要不乱淫而护人名节:名节是一个人的重要生命,人世间男女相悦,彼此婚姻,是社会容许的事,但是爱慕要忠于礼节,蛮横强取,侵犯对方的身体名节,反而转爱为恨,是不智的行为。能够爱护对方,不私心占有,这就是尊重他人的礼。

4. 要不乱说而揭人善举:中国人有一个坏习惯,喜欢挖人隐私,传恶不扬善。这个社会多一些好事,不是我们社会大众的共同幸福吗?佛经上赞叹释迦牟尼佛有庄严的三十二相,其中有舌覆额面的广长舌相,佛陀为什么能感得如此的正报呢?因为佛陀是真语者、实语者、不妄语者、不绮语者,佛陀对众生说话只有赞叹、鼓励,这就是给人信心的信。

行为平坦的道路,要靠我们每一个人脚踏实地去建设,过程虽然很辛苦,但是只要熬过日晒雨淋的艰难,就能享受风驰电掣的乐趣。

1983年4月29日讲于大甲

身心安住的家园

佛国的完成不在他方世界，也不在未来流光，
而在当下人间净土的建立，现世人生的庄严。

一般人以为我们的心就住在我们的身体里面，那么我们这个色身又住在什么地方呢？我们必须知道人的身体就如一栋房屋，住久了，自有败坏的一天；当“我”被迫搬“家”时，就会依业力的轻重各自去轮回了，因此而有住进“高楼大厦”或“茅舍矮屋”的差别。但不管世间法多么无常，我们所当把握的是现世人生，所应追求的是如何在有限的人生，建立一所可以安住的家园。

要建立这所家园并非容易，不但要有一般建筑事业的基层架构和装潢设计，最重要的是要有净化身心的高瞻远瞩与誓愿精神。唯有断除烦恼，依持一颗朗朗如晴空般的心，才能建立我们心目中理想的净土。如何建立身心安住的家园？我分为四点来说明。

一、身心活动的情况

俗话说：“世有百年闲日月，人无一点好身心。”意思是尽管世

间有多少闲适的岁月，但是人实在难保永恒的清净自身。因为我们不明白自己身心活动的状况。

在我们一生当中，最亲近相知的朋友，莫过于身心了。不论我们去哪里，或者做什么事，身心总是如影随形，寸步不离地环绕左右。这样朝夕相处的朋友，我们却从来不知道去照顾关爱它。平常我们东奔西跑，忙里忙外，身心不辞辛劳地随侍在侧，一一替我们承担所有苦难。但是，我们从来不知拨冗去陪伴这个知己，让它孤独一生；更不知道好好去对待这位故交，任它迷惑不知所从。

有个人由于平时不太爱惜身心，过度糟蹋身心而没有节制，身心终于不堪负荷而败坏了，等到临终时，此人才懊悔没有善待身心，这时身心开口说："你要挣钱，我替你奔波赚取；你要谈恋爱，我为你分忧解愁；你要打针吃药，我代你受皮肉之痛；你在世间做了种种事，我代你受种种的苦。现在你老了，竟然义无反顾要离我而远去，你真是太没有心肝了！"

这番话不禁让我们惭愧平日对待身心的薄情寡义了。我们终日汲汲营营，在这滚滚的万丈红尘里，究竟做些什么事？到底为谁辛苦为谁忙了呢？想想我们每一个人的一生，年轻的时候，穷困潦倒，虽然没有万贯家财，身上总有几个零用钱可以花。等到辛辛苦苦创了一番事业，发达了，有了万两黄金时，反而身无分文，所有的钱财都交给银行保管去了，或者被不肖子孙挥霍了。

在贫困的时候，因为没有经济来源，只要有米饭，五六碗的粗糙米饭也可以囫囵吞食，吃得津津有味。等到事业有成就，吃得起山珍海味时，却胃口不好，容不下几粒白米了。过去没有地位时，可以随时笑闹喧哗，可以任意高歌作乐，一旦有了身份地位，反而不敢恣意开口畅言说话了。古德说:“良田万顷,日食几何?大厦千间,夜眠八尺。”正足以说明了个中的沧桑和无奈。

为什么没有钱的我和有钱的我,同是一个“我”,却有千差万别的景象呢?平时吃饭穿衣、谈天说地、嬉笑怒骂的我,是假相而非实在我,真正的我早已被五欲六尘污染了。我们的身体是个烂仓库,里面储藏了许多不良的产品;身体是藏污纳垢的根源所在,是种种不清净念头、细菌的培育温床。这些贪妄、瞋怒、爱欲、痴愚等等细菌,都是导致身心败坏的病因,再加上仓库本身的设备不佳,通风不良,如此恶性循环,身心就变成五欲六尘的奴隶,丧失了“真我”的存在。

知道病因的症结,就必须从根本去治疗,而不是头痛医头、脚痛医脚,胡乱投医。譬如有人生起了偷盗之心,转念一想如果自己是被偷窃的受害者,一定焦急万分,这一念的觉知醒察,使他放下妄念企图。虽然此人暂时放弃了邪恶的行为,但是他心中的邪知妄念没有根本去除,好比斩草不除根,春风吹又生,照样邪念丛生,妄想纷飞了。那么,什么才是根本的解救之道呢?

曾子一日必定反省三次才能心安,这个反省的功夫,其实就是净化身心的方法。曾子之所以要天天自省,正是害怕今日之非会变成明日之是,而这种积非成是的过程是我们不易察觉到的,因此我们每天要努力擦拭尘埃,不使爱欲的尘埃污染了我们的身心,这样一来,身心真正得见清净,真我便跃然出现了。

老子曾说:“人之大患,在吾有身。”佛教也说:“身为苦本。”身心的活动,关系着我们生活的苦乐、生命的净秽等问题。因此如何认识身心的活动情况,如何导正身心活动的正确方向,是非常重要的。身心的活动在哪里？身心有些什么活动？身心以财、色、名、食、睡的五欲，以及色、声、香、味、触、法的六尘为活动对象。身体有杀、盗、淫的活动情形，心理有贪、瞋、痴的状况；身体有生、老、病、死的现象，心理有生、住、异、灭的变化。身心活动的不正确，导致许多的祸源，种下许多的苦果。

有一位比丘在森林中禅坐，突然听到一些动物在叽叽喳喳争论不休，乌鸦首先发言："我认为世间饥渴最痛苦，像我们找不到食物，那种饥肠辘辘的滋味真不好受。"

乌鸦才讲完，鸽子也跟着发表意见："不对！世间最痛苦的是欲望得不到满足。"

蛇在一旁也说道："瞋恨才是世间最为痛苦的事，瞋火尚未烧到别人时，已经把自己烧得焦头烂额了。"

始终默默不发一言的鹿，慢条斯理地说："畏惧最痛苦，大家不是天天在担心猎人的弓箭，不知什么时候会射中我们吗？"

大家你一言、我一语，七嘴八舌互不相让，比丘被吵得没办法，终于出定告诉这四种动物："你们都只说到表面，真正的痛苦在于我们的身体，身体才是痛苦的根本。"

有了身体，我们天天要为它沐浴妆扮、抹红戴绿；因为身体，我们才要辛苦奔波为它吃饭睡觉；由于身心的活动造作，我们也因此有了生死轮回。

佛经上有段关于身心活动的记载：有一天佛陀带着弟子出外托钵，看到路旁有一个修行人在鞭打一具尸体，弟子很纳闷，问他："这具尸体和你有什么仇恨，你为什么要鞭打他？"

"这具尸体是过去世的我，由于无明烦恼，它做了不少坏事，使我在无始生死中沉沦，因此鞭打他。”

修行人回答着，转身却对另一具尸体礼拜，并散撒香花。佛陀的弟子很奇怪，又问：“那么，这具尸体和你又有什么关系，让你如此地恭敬他？”

“这个尸体也是过去世的我，由于它一心向道，懂得修行，因此我才能出生为人，并且出家做了修道人。”

尸骨在此，人在何方？了知真我，不在皮囊。身体只是个囊袋，终有腐坏的一天，身心所造作的业力，将牵引我们去接受应有的果报，同样的身心活动，心念不正，行为乖戾，将使我们在痛苦深渊中浮沉；心念纯净，行为正直，就能远离恶途，趋向善道，由此可见身心活动状况的一致性。而心的力量尤其巨大，不仅维系色身的行、住、坐、卧等等活动状况，也关系着一个人的苦乐哀荣，心力之大可以左右一个人的幸福与否。心境一变，烦恼就是菩提，心念一转，就能身心愉悦，海阔天空，而得解脱的涅槃了。

有一个失明的女子，生得十分美丽。许多男子对她倾心钟情，可是她认为自己是个残疾人而心生自卑，不敢接受男子对她的情爱。直到有一名男子对她百般追求，起初不敢与他来往，但是精诚所至，金石为开，最后这个女孩终于受到感动而答应嫁给他。男孩听到这个消息非常欢喜，情不自禁地拿起一面镜子对着女子说：

“你好漂亮！我真是喜欢你。”

女子一听男孩如此赞美自己，仿佛晴天霹雳，伤心不已。心想：“你这个薄情汉，明明知道我双目失明，却故意拿镜子给我照，分明耻笑我是个瞎子。”她一气之下，一口回绝了这门婚事，并且大声喝道：“你走！走得远远的。”

这男孩扔掉了镜子，不断地解释说："你在我心目中本来就是个完美的女子，我从来不觉得你是个瞎子啊！"

盲眼的女子被男孩这份挚情诚意所感动，说："世界上所有的人都以为我是瞎子，只有你不把我当作是残废的人。你才是真正认识我、爱护我的人啊！"

有情人终于成了眷属。由此可见心念的力量有多大！一个心念可以促成佳偶，假使这个女子情到深处还不免自卑心的作祟，不能根除心上的魔障，就算有地久天长的山盟海誓也是枉然。所以，心的活动虽然千变万化深不可测，但仍然是一念之间的瞬息变化。有人一转念便能改邪归正，增品向上，有的人却始终徘徊在死胡同里不得脱身，就是这个缘故。明白了身心活动的情况之后，更要进一步去了解身心净化的方法，唯有清净的身心才能证悟自性，得到究竟的快乐。

二、身心净化的方法

我们的身心无时无刻不在活动，在种种的活动中，难免产生种种的烦恼病患。佛经上说："往昔所造诸恶业，皆由无始贪瞋痴。"要消除业障，必须根治我们身心的污垢，而医治的方法，就是净化。

佛教谈到身心净化的方法，真是不胜枚举，譬如念佛、看经、作福等都是好方法，其中以"念佛"最为方便实在，也是最为直接的途径。谈到净化身心，以般若智慧来照破无明烦恼固然是可行之法，而用慈悲心可以净化身心，发愿心也可以净化身心，乃至修行苦练都可以达到身心净化的目的。在种种的修持法门中，以"念佛"最为简易便捷，而且三根普被，人人可行。

“念佛”一般说来就是念“阿弥陀佛”。一早起来，心如朗朗晴空一尘不染，逢人一声“阿弥陀佛”，正是象征“一日之计在于晨”的积极精神。有客人来访，为了表示欢迎，念一声“阿弥陀佛”，无形中给对方“宾至如归”的亲切。客人要告辞了，一声“阿弥陀佛”，代表道别和离情；有人馈赠厚礼，不知道用什么话来感激对方，一声“阿弥陀佛”，表达了无限谢意。看见有人不小心跌倒了，前去扶助也称念一声“阿弥陀佛”，表示真诚的关怀，真是功德无量。

这声“阿弥陀佛”可以代表诸多的感激、招呼、爱护等。不过“阿弥陀佛”并非事到临头才挂在口上，而是平时养成习惯，随机称念。常有念佛的习惯，久而久之，自然就能默化潜移了。

有些人不相信念佛的力量，觉得“阿弥陀佛”才四个字，怎能包括了恻隐、感激、关怀、亲切、正义等深意，甚至也能消灾延寿，增福添慧，真是不可思议。有个信徒礼请法师到他家里诵经做佛事，法师开口就诵念阿弥陀佛。这个人听了，在一旁瞪眼睛说道：“老和尚，请你来诵经消灾，你怎么三句不离阿弥陀佛呢！”

法师不语，兀自反复地称念不绝。

“阿弥陀佛真有这么大的力量吗？”

法师被他这么一问，突然出其不备地骂了他一句：“混蛋！”这个人莫名其妙地被骂，心里很不是滋味，卷起袖子，一副气势汹汹的样子，很不服气地道：“你是个出家人，怎么可以出口伤人呢？”

法师哈哈大笑说：“混蛋才两个字，就有这么大的力量了，阿弥陀佛四个字，怎么没有力量呢？”

有些人夜间走路害怕神鬼，步步惊魂、胆战心惊的，便会唱歌来壮胆，有了歌声陪伴，走在暗路上自然就不怕鬼影了。连歌声都有如此力量，何况是称念阿弥陀佛的洪名圣号！为什么称念阿弥陀佛有如此大力量？阿弥陀佛四个字是“无量寿、无量光”的意思。无量光象征阿弥陀佛在空间上，如同丽日普照无远弗届，光芒四射恒常不变，阿弥陀佛度化众生的慈悲也是绵延不绝，所度的众生更是无涯无际。无量寿代表阿弥陀佛在时间上，生命亘古常新，不生不灭。宇宙万物唯一超越时空局限的“阿弥陀佛”，就是真理本身。唯有阿弥陀佛四个字，才能横遍十方、竖穷三际，无所不包，无所不容。

有一次我主持佛七，这期间对念佛有特别的体会。有一天早上醒来，刷牙、盥洗时，口中自然称念阿弥陀佛；清水浸洒脸上，如同承受阿弥陀佛的甘露法雨，那么清凉舒服，一下子神采都飞扬了起来。吃饭的时候，也在念阿弥陀佛，感觉上不是在吃饭，而是在供养佛陀，流露着无量功德的喜悦。走在路上一步一步地也在念阿弥陀佛，感觉不是脚掌在走，而是羽翼在飞，那么轻盈自在，身心如释重负地宽阔起来，真是无上的快乐。这种身心的阔大，带领我走入“无我”的境界。整个身心融入虚空之状态，而“空”一直是我获益匪浅的宝藏，所谓真空生妙有，从阿弥陀佛的四字洪名之中，生出无限的功德。

从念佛当中体验到宗教的信仰，是必须经过透悟的。一直到现在，我习惯成自然随时随地都是一声“阿弥陀佛”。甚至坐在车上，看到窗外沿路的电线杆，我每见一根就口诵一声“阿弥陀佛”，一根一声，交互成趣。每根柱子仿佛都是如来现身说法，我从中证悟了佛法就在一切日常机用的道理。

目前社会普遍呈现精神压力的紧缩状态，人人要求安身立命已相当困难，何况还要建立一所身心安住的家园，更是不容易。如果能把念佛当成日行一务，天天去念，自然修行有成，所谓“诚于中，形于外”，有精诚做凭据，便能找到安住身心的地方了。

从前有一个姓王的人，他开了一家打铁店，每次一边敲敲打打，就一边称念“阿弥陀佛”，几十年过去了，一直都维持念佛的习惯。他预知自己即将往生净土，于是就坐在打铁的台上说了四句话：“叮叮当当，久炼成钢，时辰已到，吾往西方。”然后恍似老僧入定，立地圆寂了。因此，不论从事什么行业，都可以借念佛的修行，求得身心的自在安住。

念佛有几种法门：

（一）三到：口到、耳到、心到

三到是念佛的基本要理，不仅要口诵清楚，耳听明白，更要了然于心。口、耳、心三到齐全了，自然能得到感应。

有一则笑话说西方极乐世界有个仓库，里面放置了许多眼睛、耳朵、嘴巴、手、脚等身体器官，意思是有人用眼睛看人念佛，眼睛便可以往生净土。耳朵听人念佛号，耳朵就能往生净土。用手数念珠，手就可以往生净土。有的人眼也不看，耳也不听，只有脚跟着大家绕佛，脚也能往生净土。但是如果口、耳、心三样都能同时用力，自然整个身心都能一起往生极乐世界了。

（二）三要：信心、愿力、行持

信心、愿力、行持是往生净土的三要门，净土法门易行难信，我们要往生极乐世界，首先必须对西方净土建立坚定不移的信心，确信有此法门，坚信三根可达，然后发愿往生，切实实践修持，必然能成。好比病患投医，先要相信医生的诊断，然后和医生合作要把病治好，努力服用药方，如此一来，沉疴也能痊愈。

（三）三声：大声、小声、心声

大声念佛是口出大声，朗朗诵念佛号，让阿弥陀佛的无边功德加护身心，将无谓的烦恼杂念去除，念念弥陀圣号，便能往生极乐世界。小声念佛是在平时的进退行止之间，如走路举步、言笑寝食等日常生活中，轻轻称念佛号。而心声则是在家庭、学校等不便说话或开口的公共场所，乃至一切地方，随时随地将佛号默念于心，念念不离心，我心就是弥陀，如此必可扩大自己的身心，而与弥陀合而为一。

（四）三业：身拜、口念、意想

念佛要三业一起着力，身体一起一伏，缓慢庄严地顶礼弥陀，口中清清晰晰地称念弥陀圣号，意念明明白白地观想阿弥陀佛的慈悲，三业并用，必能水到渠成。

（五）三法：持名、观想、实相

念佛法门有多种门径，大要之有三种方法，一种为诵持阿弥陀佛圣号，这是大众平常所采用的方法。一种为默默观想阿弥陀佛的光明、慈悲、庄严、殊胜等种种功德的方法，这种方法更进一步，注重意念的专精不二。另外一种为实相念佛。念佛的步骤，首先以称念弥陀佛号的正念来去除妄想散念，以正定来止住纷乱，不过，如此仍有念佛的人与被念的佛号，人境对待不能融合。念佛之道在以正念止妄念，最后连这念佛的一念也泯除，念而不念，不念而念，这无念而念念于心的境界，就是实相的念佛。

（六）三时：平时、忙时、亡时

念佛是随时随地、不分昼夜的，不但平时的行住坐卧要称念不断，连忙碌的分分秒秒也要把握念佛的机缘，尤其是临终一刻，更要用功勇猛，一心不乱、念念在兹，才能金台接引，随念往生。

白居易有一首诗说："余年近七十，不复事吟哦，看经费眼力，作福畏奔波。何以度心眼，一声阿弥陀，行也阿弥陀，坐也阿弥陀，纵饶忙似箭，不离阿弥陀，达人应笑我，多却阿弥陀。达也作么生，不达又如何？普劝法界众，同念阿弥陀。"这首诗将称念阿弥陀佛圣号的利益与妙用描写地最为贴切淋漓，净化身心要念阿弥陀，未来要脱离轮回苦，更需要称念阿弥陀。

（七）三利：利己、利人、利国

念佛不但能使自己增品向上，还可以利人。因为一个人念佛有成，无时无刻不将弥陀的慈悲智慧称诵在心，自然不生妄念，不侵犯人，更不会伤害众生，在这种情况下，社会便能呈现祥和的景象，所有邪恶暴戾、欺骗抢夺自然隐避不见了，而正义、公理、仁爱等善良道德自然推行，人民就能安居乐业，国家更能万世太平。因此，念佛的效力和神用实在功德无量。

三、身心安住的家园

明了身心活动的状况，知道净化身心的方法，接着要积极建立幸福美满的家园。什么样的标准才能称为美满的家园呢？

（一）没有肮脏的污染，只有清净的环境

社会常常提倡美化人生运动，美化环境、美化学校、美化公共场所、美化社会、美化笑容。其中尤以美化笑容最为重要，每一个人如果都面带慈蔼的笑容，打一个照面都能会心地莞尔一笑，不但调和了人际关系，更能增进社会的生趣祥和，达到社会美化的效果。这一切美化社会、美化人生的工作应该从美化家园做起，因为一个人如果缺乏家庭的温暖与关照，纵然装出一脸勉强的笑容，这个微笑也不能永恒。因此首先要美化自家庭园，建设一个不但融洽而且艺术化的家庭，每一个人出门，都带着一颗微笑的心，走在路上触目尽是皆大欢喜、万象俱新的景象，这个社会还会不进步吗？

（二）没有经济的占有，只有均富的日用

一般家庭主妇的观念是先生只有挣钱的义务，没有用钱的权利，其实正确的想法应该是“先生有使用金钱的权利，而太太有保管金钱的权利”。假如一对夫妻不了解经济的真谛，不知道金钱的处理方法，误以为家财万贯，买得起洋房大厦，吃得起珍肴美食，穿得起绫罗绸缎才是富有，或是双方一意操权统财，都会造成家庭问题，引起家庭危机。一个家庭的生活要建立在衣食无虞、和睦互敬的原则上。日用足以自给，不向外求便够了，何况夫妻幸福的条件本来就不是建立在金钱的互赖，而是对彼此感情的终生信任。

（三）没有猜疑的误会，只有互相的信任

幸福美满的家园要建立在彼此的坦诚、相互的信任之上，猜忌、怀疑只会毁掉辛辛苦苦所建设的家庭。

佛经上有一则譬喻：有一对年轻夫妇新婚燕尔，有一天丈夫提议到地窖去拿酒来对饮作乐，他打开酒坛子，嗅着芳香扑鼻的陈年老酒，哪知道一低头，看到坛里有一个年轻力壮的青年，不由怒气中生，上来大骂妻子说："不要脸的女人，竟然背着我偷人，还把人藏在酒坛里。"

妻子受了不白之冤，气愤地跑到地窖，打开酒坛一看，妒火中烧，指着丈夫破口大骂："没良心的东西，自己金屋藏娇，把女人装在酒坛里，还反过来冤枉我。"

两个人你一句、我一语，彼此正在谩骂不可开交时，他们所皈依的婆罗门师父恰巧经过，两夫妻赶快拉住师父为他们评评理，婆罗门师父走到酒坛前，打开一看，不由分说拿起拐杖打两人的头说："不肖的徒弟，竟然瞒着我，再拜别的婆罗门为师父。"不等两夫妻辩白，气冲冲地拂袖而去。

两夫妻一看把师父气走了，互相搬出恶毒的语言，骂着对方。这时走来了一位托钵乞食的比丘，问明了原因，带着怒令智昏的夫妻俩，来到惹祸的酒坛之前，随手拿起一块大石头，对着酒坛用力投掷下去，只听"啷当"一声，男人、女人、婆罗门等一切假相，霎时均化为乌有。猜疑、误会使原本快乐的家园变成愁云密布的囚牢；唯有彼此信任、互相肯定，才能建造安住身心的快乐家园。

（四）没有人我的是非，只有和谐的眷属

我们的社会充满人我是非、恩怨利害，见不得别人有好处，放不下别人比自己强，互相攻讦、毁谤，彼此打击、诋毁对方。祥和安乐的家园是彼此尊重，互相礼让，一人有庆，与有荣焉，别人有成就，能够随喜功德，赞叹欢喜。不管有缘无缘，都是一家人，和谐相处自然能美满幸福。

（五）没有怨敌的相残，只有互助的友爱

佛经上有一则六根会议的寓言，有一天，眼、耳、鼻、口一起向眉毛抗议，毫无用处的眉毛为什么高高在上，而各有所司的眼、耳、鼻、口却要屈居下面呢？眉毛被攻击得招架不住，只好知趣地跑到最下面。但是大家一看，眉毛在下面很古怪，不像个人，不得已请眉毛又回到原位，这时大家终于明白天生我材必有用，眉毛的无用乃真正的大用；觉悟到互助互爱才能共存，相残相杀只有灭亡。唇亡齿寒，忧戚与共，如兄如弟互相友爱的家园，才是我们身心所要安住的家园。

（六）没有生活的劳累，只有安乐的满足

在现实的生存世间里，我们要为糊口的三餐，如牛似马地劳苦疲累不已，一生为了日用所需，忙忙碌碌攒聚经营。身心安住的理想家园，不必为生活而奔波困扰，享受“一池荷叶衣无尽，数树松花食有余”的恬淡快乐。

（七）没有阶级的差别，只有大众的平等

我们的社会有秉赋上的贤愚智劣的先天不同，更有职位上贵贱轻重的人为差异。不合理的制度，制造了人间许多的矛盾、冲突，形成不平等的阶级歧视，譬如中国过去的帝王封建社会、印度的四种姓制度。从过去到现在，社会的第一太少了，绝对的权威只能有一个，而佛门有许多的第一。净土宗的弟子们说：“十方三世

佛，阿弥陀第一。”阿弥陀固然是第一，十方三世任何一佛也是第一，因为一佛即一切佛，一切佛即一佛。佛佛固然道同不二，众生与佛也是平等无别，在佛教看来，任何一个众生都是具足佛性，无比尊贵，何来阶级的差别呢？

（八）没有政治的迫害，只有德化的和平

娑婆世界里，由于立场的不同、利害的冲突，而不能免除政治上的迫害，尤其遇上暴君专权掌政，人民所受的痛苦更是深重。身心安住的理想家园，有的只是道德的感化，而不是权术的控制；过的是和平自主的生活，而不是恐惧躲藏的苦难。快乐家园的政治生活，是转轮圣王德化的理想政治，不是专横逼迫的权化政治。

四、身心永恒的归宿

极乐世界是我们幸福的国土，是身心永久的故乡；涅槃解脱是我们安乐的世界，是身心安住的家园；清净佛国是我们究竟的依止，是身心永恒归宿。但是极乐世界的往生，须要靠现世人生的千番历练、百般修行，才能达到不生不灭的境地。涅槃的证悟须要落实于生死苦海，去观照染净不二的实相，才能成就涅槃的解脱妙果。佛国的完成不在他方世界，也不在未来流光，而在当下人间净土的建立，现世人生的庄严。因此，我们目前所要努力的是净化我们的现世生活，使它成为美满、幸福、快乐、光明的归宿，能够如此，这个归宿必定是我们身心得以安住的家园。

1983 年 4 月 30 日讲于大甲

人生十问

佛教讲生命的流转是无始无终的，人既来世间生活，
就有生命，有生命就有生死。因为无常之故，
世界有成住坏空，自然有寒暑冷热，人类有生老病死，
山河大地及一切自然现象，都有变坏的一天。

人活在世间上，对于人生往往有许多不解的疑惑，尤其对于生、老、病、死、荣辱得失之不由人，常有种种的疑问。佛法对于人生的种种烦恼困惑，都提供了明确的解答。今以人生最常遇到的十个问题，来提供佛教对人生的看法。

一、如何处贫居富？

同样是人，为什么有的人很富有，有的人很贫穷？又如何来认定什么是贫穷？什么是富有呢？有的人高楼大厦，汽车空调，锦衣玉食，福禄双全；有的人一生劳碌奔波，工作所得极为菲薄，仅能供给一家数口勉强温饱。其原因何在？一言以蔽之，都是由于个人宿世善恶业所招感的果报。

其实就贫富而论，有钱的人，虽然衣食无虞，华盖重裘，但有时候为了人事的困扰，同样日夜不得安宁；没有钱的人，尽管日日难

过，依然日日过，无钱一样可以挺起胸膛，安心自在，此即所谓的“人穷志不穷”。可见人生的幸福快乐，贫与富并不是绝对的条件。佛教认为贫并不一定影响做人的尊严与人格的高尚。人生数十寒暑，如梦幻泡影，贫富苦乐都只是自己内心的体认。所以，有人粗茶淡饭不改其乐；有人富甲一方，仍然忧愁烦恼。深一层说，如果心里拥有三千大千世界，即使身无立锥之地，也可感受到最大的富足。

佛陀的生活，可以作为最确切的证明。佛陀春夏秋冬皆着一袭粪扫衣，也觉优游自得；披上名贵的金缕衣，也丝毫不感到骄傲。既可以粗茶淡饭，也可以美味佳肴；可以树下露宿，也可以安住于琼楼玉宇；可以自己独处山林，也可与四众弟子共住……可见佛陀对富贵贫贱、穷通得失、兴衰盛败、美丑善恶，并不系念于心，也不追逐世间的尘欲，只是随缘适应环境，这就是佛陀最大的富有。

近代的弘一大师，也认为世间没有一样东西使他觉得不好。破旧的手巾也好，咸苦的蔬菜也好，跑一整天的路也好，住在小茅屋也好，世界上什么都有味，什么都了不得。他寡欲知足，别人认为他如此贫穷，简直是在受苦，他却觉得一切都很好。有一次，弟子夏丏尊看到弘一大师吃萝卜咸菜的愉快情景，颇有所悟，夏先生说：“萝卜咸菜的真滋味，大概要像弘一大师这样的人，才能如实地品尝到。”

例如：一个有钱人住在高楼大厦，里面有种种最现代化的高级设备，生活真是富裕豪华。他家邻近有一间破旧小房子，住着一对贫穷夫妇，这对夫妇虽然生活不富裕，但是夫唱妇随，生活相当愉快。可是住在大厦里的有钱人家，总是要为公司虚伪的交际应酬感到困扰，为声势名利的维护感到不乐，心里就觉得纳闷："我这么有钱，为什么那么烦恼，隔邻住破房子的人家，不是歌唱，就是谈笑，为什么他们那样快乐？"

有人告诉他："你要卖苦恼吗？只须拿出20万元送给他们，他们马上就会苦恼。"

对有钱的人而言，20万元实在算不了什么，于是就慷慨送给了贫穷的夫妻。这对夫妇凭空得到20万元，最初欢喜得不得了。但是到了晚上却烦恼钱要放到哪里呢？抽屉吧，不保险！床底下嘛，也不太安全！枕头下面……左思右想，一夜睡不着觉。过了几天，他们又为了20万元该如何利用而吵嘴，夫妻几乎因此而破坏了多年的感情，后来一反省，才彻悟钱使他们苦恼，终于又把钱还给原来的主人。

这个寓言告诉我们：名利有时也会为人增添烦恼和危险。从前，孔子的弟子颜回"一箪食，一瓢饮，居陋巷，人不堪其忧，回也不改其乐"；佛陀的弟子大迦叶，在坟墓间修行也觉得泰然自得；我国古代诗人陶渊明"采菊东篱下，悠然见南山"等等，这些都说明贫富不能以有没有钱来衡量。人可以穷，但是内心不能穷。心里的能源是取之不尽、用之不竭的，重要的是，肯不肯去开采它；如果肯开采心里的能源，才是真正的富者。

二、如何处理得失？

当自己与别人见解上有冲突，彼此不能和谐相处时，我们就不快乐。我们的职务一往上高升，马上欣然色喜；万一利益被人夺去，就懊恼伤心。由于种种不能解决的问题，使我们生活在患得患失之中。俗语说:“得之不喜,失之不忧。”但能彻悟这句话又谈何容易呢?

禅宗六祖曾说:“无一法可得,方能建立万法。”我们几十年的人生,所谓荣华富贵,功名利禄,不正如同三更梦、九月霜吗?得,我们得到了什么?失,我们又失去了什么?有人常慨叹:“人生两手空空而来,又两手空空而去。”我们从娘胎中带来什么?死了又失去什么?这个人生不是空忙了一阵吗?不过,我们仍然可以“得”。

《般若心经》说:“无眼耳鼻舌身意,无色声香味触法,无眼界乃至无意识界,无无明亦无无明尽……”一直无到最后,因为“无所得故”,可以“菩提萨埵”。这说明了我们过去的人生,都是从有形有相,人我是非上去求,并不是真的“得”,所谓“菩提不可以身得,不可以心得,灭诸相故”。在“有”上才有得失,在“无”上就没有得失了。对于得失问题的处理,应该从这方面去体会、去解决。

懂得“无”的哲学以后,会有什么境界?例如我们的钱被人骗了,觉得很懊恼,但是懂得“无”的哲学以后,知道未曾有一法不是从因缘生,所有的事物都是缘起性空的,钱被人骗走了,也许是前生欠他的债,当作是还债吧!能这样想,就不会有患得患失的心理了。

又如你本来很有名望、地位,突然有一天被别人诽谤、诋毁,名位毁于一旦。这时候可以这么想:“无官一身轻”,从荣华归于平淡。那么,名望、地位也就没有什么放不下了,这就是“无”的哲学之应用。能够这样看破,即便是老病来临也可以无挂无碍。所以,“无”乃包罗万象,不是没有而是神奇。

我小时候就喜欢听出家人唱梵呗，后来出家，因为自己喉咙不好，不会唱。但一个出家人唱诵是很重要的，许多同参因为唱诵好，而赢得师父们的赞美，甚至受信徒的推崇。而我因喉咙不好，当沙弥时，常常被别人歧视。

后来我心想：我口不行，手还可以派上一点用场，应该好好用我的双手来从事写作的工作。如果能在文化工作上有点贡献，将成果奉献给三宝和一切众生，不也合乎佛教的精神吗？于是我用手写。当初我写文章、出版书，存了一些钱买了地，也因此才有今天的佛光山。

所以，世界上没有绝对的"不好"，我们在某一边失去了，不必完全绝望，或许在另一边能有所得。重要的是应知道如何认识自己，运用自己。

三、如何忏除罪业？

人非圣贤，孰能无过？有过并不是很严重的事情，重要的是要知道悔改。佛法说："放下屠刀，立地成佛。"有了过失以后，应该知道忏悔，这样才能及时消除自己的罪业。

譬如衣服脏了，用水洗净后可以再穿；身体几天没洗澡，垢秽沾在身上很难过，洗过澡后就清凉了。现在，我们心里被罪业盘踞了，该怎么办？如同孩子做错事，到父母面前认错一样，明理的父母一定会原谅他，给他改过自新的机会。因此，佛教讲求的是：有罪过，必须早日忏悔，因为忏悔可以灭罪。

有人说罪业是由于环境的诱惑、知识的薄弱、伦理的缺乏、生活的逼迫等因素所造成的。佛法则说罪业是由无始贪瞋痴而来的，而贪瞋痴是从我们身语意产生的。在现代文明社会里，人们生活在鸟笼式的公寓，抬头不见天日，四望不见原野，心胸越来越狭，眼光越来越小，人事的交往日趋频繁，人与人之间的冲突，也愈来愈可能发生，整个社会呈现一片紧张、竞争、角逐、明争暗斗的现象，使得心理得不到恬静和谐的快乐。所以，社会上杀、盗、淫、妄、恶口、挑拨离间等事件层出不穷。那么，我们应该如何来消除这些罪恶呢？

佛经说：人不可能没有过失，举凡起念动心都在造业。有了过失怎么办？

第一、应该坦白发露罪业，不复再做。不能只是心中知道错，不肯讲出来，这样是不彻底的，必须在佛前表白或在善知识、大众面前承认自己的过失，经过一番真诚痛切的忏悔，接受应得的良心处罚以后，就能回复本性的清净。

第二、要信愿佛力的摄受加持，激发自己内心的清净，使之不再重犯过失。譬如《观世音菩萨普门品》说的："设复有人，若有罪，若无罪，杻械枷锁检系其身，称念观世音菩萨名者，皆悉断坏，即得解脱。"这说明了菩萨慈悯摄受众生时，为消除众生罪业所作的方便。

譬如一块田地，久不施肥（不念佛），禾苗就不能生长，如果经常灌溉施肥，禾苗成长后，野草（烦恼）也就不起作用。因此，功德信心大的人，即使过去有一点罪业，也可以暂时不受现报。深心信仰佛菩萨，也必蒙护佑，而能前往永恒真实的解脱世界。

罪业是由我们身、口、意三业妄为造作的。不过更深一层去了解，罪业是空无自性的，心若忏悔也就无罪了。一念觉悟，罪业就变成无常。佛经上说：

罪从心起将心忏，心若灭时罪亦亡；

心灭罪亡两俱空，是则名为真忏悔。

我们如何获得忏悔的新生？如何转地狱成天堂，转烦恼为菩提，转污秽成清净，转娑婆为极乐？端看自己如何把心上的妄念驱除，能否坦诚地忏悔。忏悔之后，还要发愿，可以学习古圣先贤的精神，发四弘誓愿：

众生无边誓愿度，烦恼无尽誓愿断，

法门无量誓愿学，佛道无上誓愿成。

四弘誓愿是大乘菩萨精神的具体表现，不仅可借此消除罪业，也是踏上菩提大道，成佛成圣的最大力量。

四、如何消除烦恼？

人生在世，烦恼的事情很多，譬如身体上有老病死的烦恼，心理上有贪瞋痴的烦恼，有诗云："天堂地狱有时尽，烦恼绵绵无尽期。"我们的烦恼犹如大海的深广、树林的茂密，起惑造业，流转生死，皆由烦恼所致。

无穷无尽的烦恼，细思之，不外是一个"我"字所造成。由于我执、我爱、我见等等所引起的邪知邪见，让我们产生数不尽的烦恼。所以，我们学道，首先必须学习如何克服这些烦恼。一切烦恼的主要根源就是贪瞋痴，所谓"擒贼先擒王"，要破除烦恼，就得先把贪瞋痴这三毒去掉。

王阳明曾说："破山中贼易，破心中贼难。"山里的土匪盗贼容易捉，我们心上的贪瞋痴三种大病却不容易去除。佛经说："勤修戒定慧，息灭贪瞋痴。”因为我们生活上有种习气，利人的事往往不肯做，但是如用“戒”的力量，就会想到宁可牺牲自己的嗜好，也不去侵犯别人，因此，戒可以对治贪病。又譬如我们内心种种需求，对现实生活的猜忌怨懑，就要用“定”的功夫，使我们心境保持不偏不倚，纯正灵明，才能远离烦恼缠缚。

再说到痴，就要用“智”来对治，佛教的智并不是世俗的知识，因为知识并不全是善的。内心的般若智不能开显，做事不合佛法，一切只依感情与自私的世俗常识而行动，叫做痴。佛教的智是由闻思修而来的，是一种观照实相的中道方法，依着这方法，才可以灭除贪瞋痴等无明大病。

人类的感官——眼、耳、鼻、舌、身，每天总是不断地向外攀缘，对于外在的世界虚妄分别，而产生许多烦恼。如果我们能够一切返求自心，不让此心随境而转，则不当看的不看，不当听的不听，不当说的不说。就如孔子说的：“非礼勿视，非礼勿听，非礼勿言，非礼勿动。”就可以驱除内心被贪瞋痴所覆盖的烦恼结使。

我的外祖母，是个虔诚的佛教徒，从 17 岁起就吃斋念佛。她为人非常慈祥，有三个儿子，可是我这三位舅父所生下的儿女，大约都在三四岁就死了。但是我的外祖母从来不为这些事情难过。难道说她没有感情吗？不疼爱孙子吗？当然不是！这是因为她学佛，知道人生在世，有生就有死，有业就有报，谁也奈何不得。孙子的生，只是因缘和合投胎到此家来；他的死，是业报的现前，还了他的感情债而已。人的寿命本来就长短不一，孩子现在不离开我们，将来仍然要离开的。如果孙子们有善因，自有他的福报，又何必为他烦恼悲伤呢？所以学佛的人，对于生与死的看法，与一般人士不同，而且忧伤啼哭，对于死者也没有什么好处。

五、如何安排生活？

我们常听到人说："真忙！忙得不可开交。""一事未了一事又来！"无论怎样的忙，重要的是，不要因为忙碌而忘了自己的存在。有人说，忙是福气，忙的日子比较好过。不过，忙也要忙得有意义，有些人太为自己忙，不知道为别人忙；也有一些人，爱为别人忙，却忘记为自己忙。

我主张人生一定要忙，分配一些时间为生活忙，一些时间为精神忙；一些为自己忙，一些为别人忙；甚至不只是为现在忙，也要为未来忙。也就是说，精力的发挥，不应该偏于物质，也不能偏于精神，能够精神物质平衡，忙起来会更有意义。

我常常鼓励人们，在年轻力壮的时候，要养成读书的习惯，到了老年，就可以借书本陪伴自己。另外，也可以学习"人闲心要忙"。

六、如何安身立命？

我们人生应该要有个未来，未来就是希望。俗语说："人生不满百，常怀千岁忧。""人无远虑，必有近忧。"因此，一个人如果没有未来，活着就没有意义。相信每一个人都希望未来能够长命百寿。张岳军先生曾说："人生七十才开始。"主要在启示我们，人生不在乎年龄的多少，而在于我们对于未来是否抱持希望。这个希望，不只是对自己，也是针对众生的，这就是"愿力无穷"，就像普贤菩萨的十个大愿：

一者礼敬诸佛，二者称赞如来，三者广修供养，四者忏悔业障，五者随喜功德，六者请转法轮，七者请佛住世，八者常随佛学，九者恒顺众生，十者普皆回向。

发这种大愿的用意，可以为来生广植善因。也可以让今生生活在圣洁、宁静与慈祥的世界里。俗语说："在家靠父母，出门靠朋友。"但身体有病时谁来替你受苦？靠神明吗？神明也靠不住，因为神明连自己都靠不住，有朝一日，五衰相现，它也会堕落的。所以，佛陀启示我们不要让神明、相命、卜卦、风水等来操纵我们一生的穷通祸福。

那么，什么才是可以依靠的？在佛法里，最靠得住的是三宝。三宝才是值得信赖的对象，皈依三宝，才是寻找依靠最好的方法。

皈依佛：佛是人间真理的体会者，他宣扬真理之光，引导我们走向光明，如同天上的太阳、月亮，可以使迷途者寻获正道。

皈依法：法是不变的规律，可以规范我们日常生活的德行。依之而行，可以有正确的认识；躬行实践，可以到达彼岸，好比火车的轨道，依之而行便可到达目的地。

皈依僧：僧是奉行佛法求解脱者，相当于老师，可以做我们的善知识。他虽然还没有断烦恼、证实性，但他能透过佛法的真理，教导大家不断地学习；亲近他，可以使我们身心净化，性灵提升。所以说，佛如良医，法如药方，僧伽如护病者，引导我们离邪向善，转迷成悟。

《成佛之道》说："皈依处处求，求之遍十方；究竟皈依处，三宝最吉祥。"佛陀也教诫阿难："自依止，法依止，莫异依止。"说明了皈依的真正意义。可见真正的皈依，是要皈向自己的自心、自性。因为自己有佛性，自己能成佛，自己身心的当体，就是正法，自己依法修持，自身就能与三宝为一体。

面对无常的世界，可以作为依靠的只有三宝。我们的感情可以不要，金钱可以减少，功名富贵可以失去，但是三宝不能不要；尽管世界毁灭了，三宝仍然不会离开我们，三宝永远都是我们的伴侣。

七、如何放下眷属？

《涅槃经》云："夫盛者必衰，合会者别离。"《成佛之道》亦云："合会要当离，有生无不死。"人生在世，或是父母儿女，或是夫妇的会合，恩爱亲情，互相扶助，洋溢着家庭的温暖。但是，亲爱的眷属变成冤家，夫妻反目、兄弟阋墙，在今日社会上乃是屡见不鲜之事。何况，一旦生离死别到来，抛下父母，丢弃妻儿，孤苦凄惶地各奔前程，谁还能顾得了谁呢？所谓"夫妻本是同林鸟，大限来时各自飞"。

因此，一个学佛的人，对于眷属要能放得下。有些老年人，不堪晚年的寂寞，常要子女或孙儿陪侍膝前。如果亲人眷属各忙事业，无暇榻前侍候，则孤寂难耐，度日如年，伤心绝望，甚或责怪儿孙不孝。

人生如此，斯有何乐？所以每一个人应该能独立自主，亲情来时受得起，恩爱别时放得下。平时也应广结人缘，虽然儿女眷属不能时常侍候左右，还有更多的亲戚朋友可以结伴往来。对于外境，也不必有所寄望，养成独立自主的习惯，自然不会有患得患失的痛苦。

《杂譬喻经》有一段记载：有一妇人，只生一个孩子，平日对他宠爱有加，并视其为终身依靠、寄托的对象。有一天，独子忽然生病死了，妇人抚尸痛哭，悲不自禁。佛陀怜悯她的哀情，告诉她一个让孩子复活的秘方。

佛陀说："只要到没有死过人的家里，索取一把吉祥草，就可以让你的孩子复活。"

于是妇人沿家拜访，见人就问："府上曾经死过人吗？"

如此经过数十家，没有一家没死过人，妇人得不到吉祥草，怅然地回到佛陀跟前，佛陀开示道："自有人类以来，有生必有死，生死乃自然之理！"妇人豁然而悟，终于放下她的悲痛。一个人对于亲情要能放得下，不能随侍左右也罢，生离死别也罢，有合必有分，有生必有死；能看破放下，就不会为情所苦。

八、如何施舍财富？

有些人以为金钱第一，有了钱什么都行得通，甚至说："有钱能使鬼推磨。"其实，不论财物富有到什么程度，终归要销毁散失，非个人所能自主的。

佛陀曾说："财物为五家所共有。"所谓"五家"，即大水、大火、盗贼、贪官污吏以及不肖的儿女。即使你拥有再多的财物，遇到一场大火，可以把你的家当焚烧成灰；遇到大水，可以流失净尽；盗贼、贪官污吏都会抢走你的财产；亲如儿女，不肖奢侈，也会把家财挥霍殆尽。所以说财物为"五家"所共有，人是无法主宰自己的财物的。

俗话说："身外财物，生不带来，死不带去。"一个人空手来到这个世间，最后也将空手远离而去，纵有万贯财富，也丝毫带不走。

宋朝王黼党同蔡京、梁师成、李彦、朱勔、童贯等谄事宋徽宗。

这些群小弄权，贪赃枉法，幸致高位，当时人称为“六贼”。在他当政时，生活腐化，锦衣玉食，穷奢极侈。他曾监制一张象牙床，遍镶珠宝，夜间闪闪生光；仰卧其上，周遭排满小床，选择最美的姬妾十余人每夜围着他睡觉，自己称作“拥帐”。

后来王黼擅自主张和金邦开启战端，不幸失败。皇帝本来降旨将他充军，已经起解走到辅固村，在道旁一个小饭店休息。忽然有数十名骑兵从后面赶来，认明王黼正身，宣读皇帝赐死的圣旨。

王黼听完圣旨，神色大变。过一会儿，他平静地说：“王黼一生行事，虽万死也不足蔽其辜。不过请校尉转奏圣上，我死后有一要求：请赐我一具有窗户的棺材，入殓时，两手能够伸出棺外，并把五指摊开，不要屈拳。”

“为什么？”校尉奇怪地问。

“让世间人知道，我那些财产，一点儿也未能带到阴间去。”王黼缓慢地回答。

多少人生前节衣缩食，克勤克俭，分毫不肯浪费，终其一生，余下一大笔家产，或放高利贷，或私自保管，一旦临命终时，来不及处理财物，或被充公，或被吞没，枉费自己一生辛劳，终无所得。有些人则拼死拼活，赚钱置产，给子女留下一笔庞大的遗产。可是当他死后，子女或为分财动武，或吃喝嫖赌，挥霍殆尽，丝毫没有体谅父母生前的劳苦。

因此，司马温公说：“积金以遗子孙，子孙未必守；积书以遗子孙，子孙未必读；不如积阴德于冥冥之间，为子孙长久之计。”意思是说：留给子女最好的财产，不是金银财宝，也不是洋房汽车，而是道德学问与技能修养。所以钱财是身外之物，不能拥为己有，也不必为儿孙徒作马牛。那么,财物应如何处理呢?

佛法说:“万般带不去,唯有业随身。”财物不能带走分文,业力却丝毫不爽。因此,我们可以利用财物多行布施,广结善缘,修路造桥,救济贫困,或捐献慈善机构,或设置奖助学金,“取之于十方,用之于十方”,竭尽物用,则所得功德,或能得生善处,或能荫庇子孙,何乐而不为?

九、如何面对老病?

人不一定老了才会有病,年轻人也不一定没有病,“黄泉路上无老少,孤坟多是少年人”。生病是不分老少的。不过一般而言,老年人生病是比较让人担心的,到底老年人有病时该怎么办?

1. 从心不苦做到身不苦:有的人心力较弱,被打一下,就大呼小叫;假如心力强,就是刺骨出髓,眉头都不皱一下。所以说,有病没有关系,生理上有病时,心理上要健康,不要被生理上的病拖垮了自己的生命力。

2. 从药物治疗做到心理治疗:老年人生病了,喜欢看医生,其实大部分的医生,看老年人的病,往往只给他们吃一些安慰性的药。既然只是安慰性的医药,又何必看医生?找自己不是更好吗?每一个人都可以做自己的医生。当身体感觉到不舒服时,要训练自己坚强起来,体会病性本空的道理,淡然处之。能够这样,病就已经好了一半。

3. 从看破放下做到安然自在:出家人所穿的僧鞋,脚面上有六个洞,这是要我们低下头来,要能“看得破”,不必太执着。人生要像手提箱一样,要提得起,放得下,面对疾病要做到安然自在,才能对付疾病。

我20多岁时，心里充满为教为众的抱负，但是两只腿忽然患了风湿病，不能走路，躺在床上稍微动一下，都觉得痛。忍耐了很久，后来去看医生，医生说："你的腿没办法医了，这风湿病已经很严重，必须把腿锯断。"

当时，我并没有为自己可能残废而烦恼，我想："腿子害风湿病要锯断，也没关系。我的生活原本南北奔波劳碌，如果没有了腿，反而可以安闲自在，在寺院里写写文章，看看经书。那时候，我的时间会更多，我的心灵会更广，我的人生会更有价值。"我并不在乎人家对我的讥讽与嘲弄，因此是否残废对于我也就不是烦恼的问题。这是我对疾病的态度。

像美国的海伦·凯勒，她是又哑、又聋、又瞎的残疾人，但是她却是我们这个时代的伟人之一。所以说，老病并不可怕，最可怕的是心理上的不健全。人老不要紧，重要的是心理的永远健康与不老。

十、如何了生脱死？

到底"生从何处来，死归何处去？"对于这个问题，一般人不但不了解，而且不重视生命，只知道求生活。知识水平较高的人，除了生活，还知道有生命，但是仍然不重视生命，对死仍是茫然无知的。有人说："人是在无可选择的情况下接受了生命，然后在无可奈何的条件下度过生命，最后在无可抗拒的挣扎之下交还了生命。"连孔子尚且说："未知生，焉知死？"何况是一般人？

历史上的许多英雄豪杰，对人生的意义大都不了悟，如曹操说："对酒当歌，人生几何？譬如朝露，去日苦多。"把人生看成槁木死灰，与万物同朽。古人云："齐生齐死，齐贤齐愚，齐贵齐贱；十年亦死，百年亦死，仁圣亦死，凶恶亦死；生则尧舜，死则腐骨；生则桀纣，死则腐骨；腐骨一矣，孰知其异？"对于生命的所以然，古今人士大都所知不多。

佛教讲生命的流转是无始无终的，人既来世间生活，就有生命，有生命就有生死。因为无常之故，世界有成住坏空，自然有寒暑冷热，人类有生老病死，山河大地及一切自然现象，都有变坏的一天。佛经上说："须弥虽高广，终归于消灭；大海虽渊旷，时至还枯竭；日月虽明朗，不久则西没；大地虽坚固，能负荷一切；劫尽业火燃，亦复归无常。"

这说明佛陀所看到的生命是无常变灭、无穷无尽的，如同江河之水滚滚不断，是刹那不停地变化着。旧的灭去，新的又来。我们必须了知人生与万有诸法互相为缘，互相生成。透悟了这个道理，才能与佛法结合在一起，对于生死也就不觉得可怕，因为生死就像世俗的搬家一样，只不过换了一个躯壳而已。

汐止肉身不坏的慈航菩萨，他有一个徒弟法名律航，因念佛念得太恳切，也希望师父能每天念阿弥陀佛，以往生极乐世界。慈航法师被他说得没有办法，只好说："念佛往生，好，去！"马上坐着就往生了。在旁的徒众一看，大惊失色，大家都怪律航法师："师父被你逼死了。"众人吵吵闹闹地经过了半个小时，慈航法师一息悠悠又醒来了。这时，他说了下面这些话："修行各宗各派，各人自由；信仰诸佛世界，各人自由。"

佛法提供给众生的"解脱之道"，主旨在使人们有一合理的安排。譬如今天要出门，就得预备今天要住在哪里，万一下雨，怎么办？所以说修行的人，对于“死”是胸有成竹，无忧无惧的。

佛教的万千法门，主要是为众生解决各种烦恼及生死问题。佛经中提出很多解决问题的方法，不过，如《华严经》所云：“如人数他宝，自无半钱分；于法不修行，多闻亦如是。”用与不用，印心与不印心，端看各人了。

1977 年 7 月讲于佛光山老年夏令营

如何美化人生

美化人生，不只是美化我们的环境、我们的面容、我们的仪表、我们的社会，美化我们的语言、思想，更重要的是美化我们的“心地”。

现代人很讲究美化——环境要美化、面孔要美化、社会要美化。其实，美化人生，不只是美化我们的环境、我们的面容、我们的仪表、我们的社会，美化我们的语言、思想，更重要的是美化我们的“心地”。要如何美化我们的心地，美化我们的人生呢？

一、用平等心来美化人生

在《五灯会元》里，瑞岩智才禅师以“无有高下”为平等。平等道理虽然简单，世上却有许多不平等。例如贫富不平等、智愚不平等、种族不平等、男女不平等。佛教是主张平等的，外表虽有贫富、智愚、种族、男女种种差异，在本性上都是平等的。如男人可以出家，可以成佛，女人也可以出家、成佛。如《法华经》中的 8 岁龙女转女成男。又如妙慧童女，其大智慧也令文殊菩萨依她为师。

从种族上说，各民族外表虽有不同，在本性上却是平等的。在印度，种族分婆罗门、刹帝力、吠舍、首陀罗四个阶级，各有不平等的待遇。佛陀主张“四姓出家，同为释种”，以平等心施教，虽有河流溪水之别，但是流入大海也是同一咸味。

世间虽然有贫富之别，但是富而无德，不如有德之贫者，一个人的人格不是用贫富来区分的，男女、老少、贫富、种族，在人格的尊严上是一样的，本性上都是平等的。若能做到男女平等、种族平等、人我平等、众生平等，此即所谓“心、佛、众生三无差别”，也是《金刚经》中所说的：“众生平等无有分别”。我们可以看看“天”，天很平等，所以它可以覆盖大地；“地”也很平等，所以地能普载一切众生，长养万物；日月星辰很平等，所以四时轮转不息。自由、平等、博爱是上天赋予人类的特权，所以我们要尊重别人，要用平等心待人，所谓“敬人者人恒敬之，爱人者人恒爱之”。孙中山先生所以要革命，推翻清廷，主要在唤起全国的人士，以“平等”来对待每一个人。佛陀所以放弃王位，出家学道，也是要打破种性阶级，提倡一切众生平等。

今天的社会，有很多人呐喊着“平等”的口号，实际所作所为，往往不合乎平等真义。

有一则寓言说：有一只猫正在捕老鼠，老鼠非常苦恼，便向猫抗议说：“大家都同样有生命，为什么你要以强欺弱，这太不公平了！”

猫对老鼠说：“你既然要讲平等，那我为你解释平等。你吃了我吧！”

老鼠说：“我怎能吃你呢？”

猫便说：“既然你吃不了我，为什么说不平等呢？”

所以老鼠就做了所谓“平等”下的牺牲者。一般所讲的平等，往往是诈骗式的平等，或者假平等。唯有佛教是从自性上、人格上，追求真正的平等。

佛经里也有一则故事：有一条蛇，蛇头一向走在前面，有一天蛇尾说：

“我们能够一直向前走，完全是我蛇尾在后面摆动着，如果我不摆动，怎能向前走呢？应该让我在前面才对！”

蛇头说：“一向都是我走在前面呀！”

蛇尾不服气，把自己捆在树上，蛇头无法动身，过了许久，肚子饿得受不了，只好答应蛇尾走在前面。由于蛇尾没有眼睛，搞不清楚方向，便掉下悬崖摔死了。

所以平等不是盲目的、任性的，平等是理性的，是“适得其用”，是“分工合作”。蛇头蛇尾是相互为用，如同我们的六根，眼睛用来看，耳朵用来听，鼻子用来闻，这便是适得其用，分工合作。如果硬要用耳朵来看，用眼睛来听，便分辨不出美与丑、香与臭了。

有一栋房子失火了，这栋房子住了许多残疾人，大家赶紧逃命，跛子让瞎子背着，瞎子就给聋子牵着，相互依靠逃离火坑。如果大家各自逃命，说不定会全体葬身火海呢！

懂得因缘，便懂得平等，真正的平等是自性上的平等，因为世上没有一法可以独自存在，一切都是假因缘和合而成，既是众缘和合，就应当相互尊重，这才是真正的平等。

人必须过群体的生活，不能排挤他人，也不要嫌弃任何一个人，用平等心待人，也不和他人比较，俗语说：“人比人气死人。”有了黄金美眷、洋房汽车，不一定比贫穷的人幸福快乐。若能以平等心做人处事，不自暴自弃，不怨天尤人，自然能知足常乐。

“舜何人也？禹何人也？有为者亦若是。”天下没有天生的释迦牟尼，也没有天生的弥勒。我们虽然是凡夫，也一样能成佛，诸佛菩萨是已觉悟的人，我们是未觉悟的佛，能够知道心佛众生三无差别，自尊自重的心也就自然生起。如果我们能用平等心来看这个社会，那么四海之内皆是兄弟。所以平等心不但能美化自己，也能美化群众，美化世间的一切。

二、用忍耐心来美化人生

忍耐是很重要的修行。经典说：“诸修行中以忍耐最为第一。”如果不能忍耐，纵有一些修行、功德，也不能成就。所以，一切修行功德中以忍耐最为第一。说到忍耐，要能忍耐贫穷、忍耐困难、忍耐痛苦。有时候受人的气，能忍一口气，便能避免是非争吵，即使受人诽谤、轻视、误会，也得忍受下来。俗语说：“忍一时风平浪静，退一步海阔天空。”

人往往对喜欢的人、喜欢的境界容易生起贪着心，对不喜欢的人，不喜欢的境则生起瞋恨心。如果我们对贪着心，能忍耐不执取，就不会有患得患失的苦恼。对于违逆的境界和人事，能忍一时之气，不起瞋恨心，便不怕侮辱甚至灾害降临到我们身上。能忍一口气，便增加了一份力量。

有权力不能压服人，会骂人的人不见得有力量。强权、武力更不能平服人的反抗心，中国秦始皇、德国希特勒都是名证。只有忍耐的力量最大，如西汉时的韩信，他能忍胯下之辱，最后终能成就大功业。

《佛遗教经》说：“若其不能欢喜忍受恶骂之毒如饮甘露者，不名入道智慧人也。”“忍”，从字面上看，心上一把刀，一把刀插在心上而能面不改色，那是需要很大的耐力，或许忍受的当时很痛苦，但往往能得到意外的结果。忍的美德常是持戒者所不能及，能行“忍”者乃名之为有大力的人。

“忍”必须身体力行，才能体会出它的妙处。在语言上能少说几句话，把气忍下来，不要只为了一句话争得面红耳赤；即使争赢了又能得到什么呢？

唐朝有位很有修行的人叫娄师德，有人把口水吐在他的脸上，他心想：“少说几句，自认倒霉，把脸上的唾液擦干算了。”他脸上虽然没有不悦之色，可是心里还是有点气。

有一次他的弟弟将被调到别处去做官，娄师德担心他的脾气不好，弟弟说：“你放心！我不会闹事的。我会学习你，如果有人把口水吐在我脸上，我不会和他计较，把口水擦干就好了。”娄师德一听，若有所悟：“别人就是气你，不高兴你，才把口水吐在你的脸上，你又把它擦了，他不是更恨你吗？应该不理它，让口水自然干，这才是到达忍耐的上乘功夫。”

布袋和尚有一首诗说：“有人骂老拙，老拙只说好；有人打老拙，老拙自睡倒；有人唾老拙，由它自干了；你也省力气，我也少烦恼。”这就是自然的、没有瞋恨心的忍耐功夫。

明朝的夏元吉也是个很能忍耐的人，他平时给人莫测高深的感觉，如果同事有好的意见，他必采纳，有善事他就学习；如果同事做错事，他就疏导安抚他们。因此有人问夏元吉：“你的度量是怎样学来的？”夏元吉说：“有人冒犯我的时候，我便告诉自己：我不可以生气。先从忍之于口，忍之于脸，最后忍之于心，久而久之自然就无不可忍之事了。”

一代高僧玄奘大师，能到印度求法，能经过八百里流沙，克服种种困难，在于他“宁向西方一步死，不向东土一步生”的愿力，而能有这么大的抱负、愿心和毅力，难道不是因为具有忍耐力吗？唐朝鉴真和尚为了到日本传戒法，历经12年，经过6次的艰难与挫折，最后到达日本时，双目已失明，虽然他肉体受损，但是完成了毕生的愿望，戒法也因此东传。他这种为法忘躯的精神也就是从“忍耐”中培养出来的。

达摩祖师在嵩山少林寺面壁，一坐就是9年，如果没有足够的耐力，禅学又怎能传来中国而发扬光大？六祖惠能屈守于猎人群中，等待因缘成熟而大振宗风，如果不能忍一时之气，早就死于非命了，又怎能成为一代祖师呢？

在《杂宝藏经》中说明忍耐有五种利益：

1. 能忍耐就没有人能怨恨。

2. 能忍耐就能成就一切事业。

3. 能忍耐就能受众人爱敬。

4. 能忍耐就能有好名声。

5. 能忍耐就能善道。

当我们遇着不如意的事，碰到不如意的人，若能平心静气，自己反省，或许可以找出一条平顺的路；用生气来抵制，只有让事情更恶化。

三、用惭愧心来美化人生

惭愧心是道德之根本，在《阿含经》卷四十七中记载着：“世尊，比丘有二净法能获世间，所谓惭愧。假使世间无此二净法者，世间亦不知有父母、兄弟、姐妹、妻子、宗亲、师长、尊卑之序，颠倒浑乱，如畜生趣。""惭"是内自羞耻；"愧"是发露向人。我们应该常常反省自己，时时扪心自问，我们的做人处事，我们的起心动念，是不是对得起自己，对得起别人，对得起国家、社会、父母、亲朋好友。

《佛遗教经》亦说："惭愧之服，于诸庄严最为第一。"惭愧心可以洗涤内心的罪恶，庄严自己的仪表。惭愧如同缨络，有了惭愧心好比缨络的庄严秀丽，使我们显得更加高贵。我们一生中难免会有缺憾、做错事。但是，不怕犯错，只怕不知羞耻、不知惭愧，能知惭愧羞耻，便有力量，便能坚强地重新做人。

惭愧有什么利益？

1. 惭愧能改过向上。

2. 惭愧能增加勇敢。

3. 惭愧能尊敬别人。

4. 惭愧能信仰佛法。

5. 惭愧能灭除罪业。

6. 惭愧能获得解脱。

惭愧必须发自内心，惭者修人，愧者修天。如佛经中所说："有二法能救众生：一者、惭；二者、愧。惭者自不做恶，愧者不教他造。"

道家、儒家都很重视"惭愧"，如孔子说"过则勿惮改"、"过而不改斯谓过矣"、"知耻近乎勇"，所以，人孰能无过？知过能改，如同无过。曾国藩曾说："贤与不肖有什么差别呢？当视改过的勇怯而别。"美国哲学家富兰克林说："犯错的是人，悔过的是神，过而不改是魔。”所以惭愧心可以完成圣贤。

四、用感恩心来美化人生

《六度集经》里有一个天鹅慈孝的故事：有一只天鹅，孵出了三只小天鹅。那年正逢天旱，所有草木果实都枯萎了，天鹅无法找到食物，眼看着小天鹅饥饿痛苦，只好以自己腋下的肉来喂它的小天鹅。当小天鹅吃下这肉的时候，心里觉得奇怪，这肉的味道怎么和母亲的气味一样呢？难道是母亲用自己的肉来喂我们吗？越想越难过，三只小天鹅再也吃不下去了。母亲看到孩子不吃，心里更加难过。这件事情被天神知道了，于是天神赞叹说：“为母者，慈悲心，慈恩深，难言喻；惟子孝，世希有，诸佛诫，孝当先。”

我们能在社会生存，是依赖大众的力量，我们生活上所需的一切都取之于大众。谚语说：“滴水之恩，当涌泉相报。”时下的青年，奢侈浪费，常常怨天尤人，不满周遭的一切人与事。一般人也往往只想到自己，我的人格、我的尊严、我的需求、我的快乐、我的幸福；你要关心我、你要尊重我、你要安慰我、你要爱护我，完全是一种自私自利的想法，很少想到：我尊重对方、我能给予对方什么？

人生在世能有几年寿命？对国家能有多少的贡献？对社会有什么样的奉献？对父母亲又有什么样的报偿？所拥有的一切都是别人所给予，所帮助，难道还不满足，还要埋怨、不满吗？

我们看那小狗，喂它东西吃，它会摇尾巴，会替我们看门；养了一只猫，弄饭给它吃，它也会高兴地“咪咪”叫，连畜生都有感恩之情，更何况我们人呢？所以要美化人生，如果人人都有感恩的心，这不就是一个美化的人生了吗？所以，如何美化人生呢？要以平等心美化人生、要以忍耐心美化人生、要以惭愧心美化人生、要以感恩心美化人生。

1989 年 8 月 28 日讲于高雄澄清寺

谈你说我

人生在世，解决痛苦的究竟之道，
就是把“你”当作“我”，你我一体，
你我不二，将心比心，解衣推食。

在这人世间，人际关系是很重要的。你我彼此的交谊如果和谐，就会有安乐祥和的关系；如果你我的关系不调和，人际的交往不顺畅，就会生出许多苦恼忧烦。每一个人的生存情况，都依靠着你我彼此的合作；世间万事万物之所以多苦多忧多烦恼，便是发端于你、我之间的人际冲突，肇因于我们既不懂得如何善待“你”，也不自知如何修持“我”的缘故。

从前有一位信徒热心学佛，跑去问禅师：“禅师，什么是‘佛’？”

禅师笑着看他：“这个问题即使告诉你，恐怕你也不相信。”

信徒恭敬地说：“禅师的话我一定听，怎么敢不相信呢？”

“既然如此，那我就告诉你吧！”禅师伸出手一指：“你，就是佛！”

“我只是一介凡夫，哪里敢自居是佛呢！”

“所以我说你不会相信呀！”禅师继续说：“因为你有一个‘我’

的观念作梗，有了我执而不能超越，不知道自己即是佛。”

信徒似懂非懂，又问：“我有‘我’的缘故，不自知是佛，那么，请问禅师，你呢？你是不是佛？”

禅师淡然而笑：“何必执着这么多呢？有‘我’已经不是佛了，再加上有一个‘你’，那就更不是佛了！”

我们在学佛的过程中，会觉得有各种迷惑，是因为有“你、我”的分别对待观念，对“你、我”不能认识清楚，难免产生无明而造作千般罪业，连带的，对佛法也就如雾里看花、水中捞月一般，见不真切了。以下分别从社会、时空、佛经、究竟四个方面来解说你我的关系。

一、从社会方面谈你我的关系

先从“你我争斗的开始”来探讨“你我计较的原因”。

佛经里有一个六根会议的譬喻，最能说明这种因果关系：

人的面孔上，眉毛最高，依次是眼睛、鼻子，最低的是嘴巴。有一天，它们四者聚在一起开会，眼睛首先发难：“我是人的灵魂之窗，你们有谁比我重要？如果不是我洞观万事、烛照万物，你们怎么能见出形形色色？靠了我的视察，你们才知道走路；没有我，你们就寸步难行了。像我这么有用的眼睛却屈居于没有用的眉毛下面，我真是不服气！”

眼睛刚说完，鼻子便立刻抢着说：“我这鼻子应该是最重要的！你们想想：不但闻香闻臭要靠我，呼吸也要靠我，我如果一口气不顺，你们还有什么用？像我这么有用的鼻子却也长在眉毛下面，让眉毛高高在上，我才真不服气呢！”

鼻子说完了，嘴巴也鼓起如簧之舌发言抱怨道："人的身体上，最有用的应该是我这张嘴才对！靠了我说话，你们才知道什么是什么；靠了我张口吃饭，你们才能生存下去。像我这么有用的嘴，却长在脸的最下面，反而是毫无用处的眉毛高踞上方，我实在太不服气了！"

这样你一言我一语、你一枪我一箭的纷纷指责，令眉毛十分为难，等大家说完了，眉毛说道："我知道我没有你们有用，不够资格在你们上面，现在我愿意到你们的下面去。"

于是眉毛跑到眼睛下面一站。眼睛一看，吃了一惊："怪了，有点不对劲，这样不像个人了。"

眉毛只好再落到鼻子下面，大家一看，也不像个人，又把眉毛驱逐到嘴巴下面，再怎么看更不像个人了。这样你推我赶、你吵我闹地议论纷纷了很久，终于决定：还是让眉毛回到原来的上位才最妥当，最像个人。如此你高我低、你来我去了一番，徒然庸人自扰。

人也是一样：我们有时候就是不服气别人比我好、比我高、比我大，因此千方百计地和对方计较、争夺、斗法，能欺则欺，能胜过别人一寸就胜一寸，能赢别人一分就赢一分，终于造成了彼此的不和谐，甚至互有痛苦，不能离相去障。这种你我斗争的情形，连恩爱、亲密如夫妻都不能免呢。

如《百喻经》里有一则夫妻争饼的寓言：有一对夫妻为了争一块烧饼吃，你争我夺地僵持不下，丈夫心里想："女人比较爱讲话，我不妨从这个弱点上去赢她。"于是提议以不讲话来决胜负，谁先讲话谁就输了，烧饼就让赢的人吃；太太同意了，夫妻两个人面对面坐着，中间摆着那块饼，彼此一句话都不说地对峙起来了。

不久来了一个小偷，窥见屋子里坐了泥塑木雕似的两个人，一动也不动，这个小偷不由得心里纳闷起来，不知个中玄机。可是一连几小时过去了，两个人还是不言不动，于是小偷大胆地一步一步走近太太的身边，东摸摸、西碰碰，找不到值钱的首饰，就有意无意地对她调戏起来。那个丈夫眼睁睁看着太太被人欺侮，竟然还是无动于衷，太太心里又气又急，终于忍耐不住，愤然起身破口大骂："你是个瞎子是不是？没看到我被人欺侮吗？"

想不到丈夫反而欣然色喜地跳起来，一把抓起那块烧饼往嘴里啃，还笑着说："哈哈！你说话了，你输了！这块烧饼终于是我的了！"

像这样一心计较人我之间的利害、得失，胜则生怨，负则自鄙，由此生出一切迷惑烦恼，是很难和平相处的，唯有去除胜负心，泯灭分别识，才能无争自安，也才能证入虚空如实的法界。

由于彼此的互相计较、争斗，造成了种种爱憎。爱的时候，爱得缠绵热烈，恨起来时，也恨得天地殊隔。太爱的人，爱得一分一秒也不能分离，稍一分开，就有了"爱别离"的痛苦；而对于不喜欢的人，一旦冤家路窄碰头了，就有"怨憎会"的苦。所谓"爱之欲其生，恶之欲其死"，正是人我关系张弛的现象。

人我之间的种种不和谐，都是因为没有发扬慈悲心，没有把别人看成跟我一样，没有把众生看成同胞手足，反而你我互相猜忌乖隔，尔虞我诈、我虞尔狡的，自然容易生出一切是非、纠纷、烦恼。其实，你我之间是没有界限和鸿沟的，应该如《金刚经》说的"无我相，无人相，无众生相，无寿者相"，消除心理上没有意义的种种猜忌。

有一户人家祖孙三代同堂，有一次，小孙子调皮捣蛋，祖父看不过去，打了孙子几巴掌。做儿子的在旁边看到了，心里气愤，就自己打起自己的耳光来；祖父十分惊讶，问道："你这是干什么呢？"

做儿子的振振有辞的回答："你打我的儿子，我当然也要打你的儿子出气呀！"

从社会的关系来看，如果不能认清或调和你我的关系，许多类似的愚痴见解，烦恼障碍就会层出不穷；如果能洞明人我一体的道理，自化化他，那么种种的是非、种种的纠纷也就迎刃而解了。

二、从时空方面看你我的关系

我们所认识的"我"，从时间上讲，只有几十年的生命，这种短视的看法，使一般人充满浅见。其实，人不是只有几十年的光阴和生命，人不但有绵长的过去，还有无限的将来，三世因果，六道轮回，人天的生命是不死的，在无限中有恒久的未来。基督教常说"信我者，得永生"，佛教再补充为："不信者，亦不死"——信，我们的生命固然生生死死不息；不信，也依然要在轮回流转中出世入世。

我们的身体像一栋房屋，旧的房屋坏了，要搬到新的房屋去；现世的身体坏了，也要换一个来生的新身体。房子不管怎么换，主人翁只有一个；身体不管怎么换，自我的本性也仍然是一个。假如我们都知道自己的生命有无限的未来，那么对于现在一时的成败得失，又何必认真计较呢？

空间上也一样，各世有不同的因缘，有无量的造化，一个人如果时时自怨自艾他所拥有的房子只有一间，田地只有几亩，钱财只有少许……这样的生命就太卑微渺小了。其实我们这个真实不虚的生命，从时间上讲，是"竖穷三界"；从空间上看，是"横遍十方"——整个宇宙大千世界都是从自我的心性中流露出来的，一花一草一虫一木都与我的生命息息相关，苏东坡所谓"溪声尽是广长舌，山色无非清净身"，就是这个道理。

记得我初来台湾时，身上一无所有。从物质上看起来，我确实是一无所有，但是在内心的实相观照上，我所拥有的，可以说多至无可计数，大到无法衡量。寒冷的时候，我晒太阳取暖，太阳照着我，没有人会禁止我说："你不可以晒太阳！"沉闷的时候，我望月自遣，月亮映照着我，也没有人与我计较说："你不可以看月亮！"我看花，花自缤纷；我见树，树自婆娑；山河大地，任我尽情欣赏游览，无一不照拂我、清凉我、利乐我；整个三千大千世界都包容着我，我怎么会贫穷呢？我们如果实实在在体会到自己的生命，充满在古往今来的无穷时光，横布在上下十方的无限空间之中，哪里还会惊惧于一时的得失，恐怖于一世的生死呢？

然而，遗憾的是：我们人在无穷尽的生死与五趣六道的轮回里，不知道觉悟，找不到自己真正的家，耽乐、多瞋，生生死死、死死生生地一直流转下去而迷痴不觉，实在很可惜。佛经里有这么一段记载：有一个罗汉到一个富翁家去托钵化缘，正好遇到这家人在办喜事，忙进忙出的没有人理睬他；这个罗汉东张西望地看了半天，不觉慨然而叹："众生实在苦，六亲锅里煮；牛羊席上坐，孙子娶祖母。"

这个意思是说：众生愚痴度日，只知道忙忙碌碌地办事，却不知道三界六道生死变易的轮回。现在锅里煮着的鱼肉，原是你们过去生的父母、亲友；现在高坐席上大吃大喝的宾客，上辈子原是一头头牛、一只只羊；而今天办喜事，其实是过去生的孙子在娶祖母啊！

用慧眼、法眼来看这个形形色色的人间，有时候实在是很可怜亦可笑的。《劝发菩提心文》里有两句话："鞭驴出血，谁知吾母之悲？牵豕就屠，焉知乃翁之痛？"这其中的典故是：有一户人家养了一头驴子，拉了十几年的车，年老力衰，终于拉不动了，主人依然日日鞭笞赶着走，不肯轻饶。有一天夜里，主人梦见驴子化成人形，悲悲切切地来托梦说：

"我曾经亏待你，如今是来受报还债的，我原是你前世的母亲。这十几年来，我日日任劳任怨地替你拉车，为你载货，现在老了，实在走不动了，请你念在我们曾经是母子的情分上，不要这样无情地鞭打我啊！"

这个儿子一梦而醒，惊觉自己这样虐待牲畜的罪过，就把驴子送到寺院里放生，作为对它的报恩与补偿。以同样的观点来看，我们平日斩杀吞食的牛、羊，又焉知不是我们过去生的父母宗亲、骨肉眷属？有一首诗形容得很好：

莫道群生性命微，一般骨肉一般皮；

劝君莫打三春鸟，子在巢中望母归。

佛经上常说：我们要视一切众生如唯一的佛子罗睺罗，爱护他、教育他；我们要视众生如病痛垂危的骨肉，抚慰他、照顾他。在诸佛菩萨的眼中，众生和我不但体不相殊，并且互为一体，关系至为亲密，众生受苦是我受苦，众生享乐是我享乐，因此我为众生所做的一切，不是为他人作嫁，而是为自己储粮，这就是佛教"无缘大慈,同体大悲”崇高思想的精义所在。

三、从佛经里看你我的关系

过去,有一个人寿辰,请禅师为他家写一副对联,以增喜气,而且指定要有特殊的含意。禅师受他之托,写了一副对联送去,对联赫然是:“父死子死孙死”,这个人看了很不高兴,怪禅师在寿诞喜庆的日子,写出这么不吉祥的话,禅师洒脱一笑说:“这是最吉祥的话了!”

“一家人都死了,怎么会吉祥呢?”

“难道你要孙子先死,儿子再死,你最后死,白发人送黑发人吗?”

对人我之间上下、尊卑,先后的顺序没有明辨了知,很容易生出许多类似的烦恼、纠纷。佛经里谈人我关系的地方很多。

(一) 朋友之间的关系

《佛说孛经抄》说朋友有四种品格:

1. 有友如华。

2. 有友如秤。

3. 有友如山。

4. 有友如地。

朋友如华,花开美丽的时候,将它戴在头上;枯萎了,就弃之如敝屣。有些人交朋友也是一样,你有办法的时候,同你亲密往来;一旦你没有利用价值了,就和你一刀两断,真是“贫在闹市无近邻,富在深山有远亲”。还有一种处处衡量你斤两的朋友,好像一把磅秤，你重要，他对你好；你失势无财了，他全身而退。又有朋友如金山宝矿，内中好花遍开，群鸟聚集，大家都来这里挖宝取财，交上这种朋友，会让我们沾上一些光，受一些益。另外一种朋友，宛如大地山川，可以生长万物，与他交往，可以增长我们的智慧，砥砺我们的志节，使我们在这片山川大地之中欣欣向荣。

另外，在《阿含经》里，也提到四种可亲的朋友：

1. “止非”的朋友：他能明辨是非，分别善恶，告诉我们什么能做，什么不能做。指示我们正当的目标，正当的途径，是“劝人止恶，示人正直，护彼庄重，示人天路”的朋友。

2. “慈悯”的朋友：他很关心我们，爱护我们，能够给我们精神上极大的支持，是“见利代喜，慈心愍念，见恶代忧，称誉人德”的朋友。

3. “利人”的朋友：他经常给予我们协助，可以帮助我们，与我们同甘共苦，患难与共。在我们需要扶持的时候，能够在一旁资助我们，是“令不放逸，令不失财，令不恐怖，群相教诫”的那种朋友。

4. “同事”的朋友：“同事”不一定是指与我们在一起工作的人，而是指与我们“志同道合”的朋友。这种人“不惜身命，不惜财宝，互相勉励”，是很好的益友。

另外在佛经里，又告诉我们有五种不可亲近的朋友，辨识这五种损友也有方法：

1. “笑而不笑”的朋友：这种人面色阴沉，皮笑肉不笑，不知道他怀有什么鬼胎，要什么阴谋？

2. “喜而不喜”的朋友：这种朋友，阳奉阴违，也不可与之亲近。比方说，我做生意赚了大钱，做事升了官，应该为我感到欣喜，他却虚有其表地故作欢喜，在心里嫉妒我。

3. “慈而不慈”的朋友：也不可亲近。比如说，冬令救济是慈善的事，他不但不响应，反而劝我们不要做功德。这种朋友心胸狭隘，只看到自己，没想到别人，不能对他人慈悲，更不会对你慈悲了。

4. “耻而不耻”的朋友：大凡做错了事，或对不起别人时，应该感到羞耻、惭愧，他却旁若无人，一副若无其事的样子，这种人没有惭耻心，行事容易偏失，也不可以深交。

5. “听而不听”的朋友：古代的大禹，闻善言而拜服，对别人的善言能够感谢与接受。可是，有一种朋友却听不进忠告善言，只当成耳边风，不能闻善而善，又如何与之为善？所以，这种朋友也不可结交。

（二）夫妻之间的关系

佛经里，对于夫妇之道也有很深的阐扬。

做丈夫的应该如何对待妻子？经上记载有五事：

1. 要“敬畏有礼”：先生对太太要恭敬、畏惧、礼让。胡适博士曾说，凡是有学问的君子，有知识的男子汉大丈夫，都应该加入他的“怕老婆会”。意思不是要怕老婆，而是对太太存有“敬畏”的心。凡是对太太敬畏的人，大概都不会去做坏事；不敬畏太太的人，反而容易无法无天。

2. 要“悉委家事”：将细微大小的家事，都交给太太管。不仅把整个家庭交给太太，连荷包也要交给太太。一般说来，太太有私房钱不碍事，先生身边有太多的私房钱，比较容易挥霍无度，甚至做出越轨的事。

3. 要“衣食俱足”:“贫贱夫妻百事哀”,没有面包的爱情是靠不住的。所以做丈夫的,要给太太足够的衣食,这是做为丈夫的责任。

4. 要“爱威有时”:做丈夫的,一天到晚板着面孔,一副威严昂扬的样子,对太太一点爱怜都没有,夫妻的感情很容易变冷漠。但是,也不能像女人似的娘娘腔,尽会谈情说爱,不像个大丈夫,应该要“当爱则爱,当威则威”。

5. 要“使妻荣耀”:丈夫应该努力于事业,尽心于工作,让太太因我而感到荣耀,觉得嫁给我是最大的光荣,最大的幸福。

那么,做太太的又应该如何对待丈夫呢? 根据经典记载也有五点:

1. 要“恭敬信顺”:不仅要恭敬,而且要信顺。做一个太太不能常常对先生说:“你就是不听我的话! 你就是不接受我的意见!”这样挫丈夫的威风,不但得不到丈夫的心,还会令他生起反感,影响家庭和谐。

2. 要“温和爱语”:做一个好太太,对先生必须态度温柔,谈吐和气。男人的性子较刚,女性较柔,以柔才能克刚。太太对丈夫讲话,也要多讲鼓励、赞美的话,千万不可以说反讽、暗嘲的话。比方说朋友来找丈夫,不能当着别人面前说:“你要来找我那个死鬼啊?”平日夫妻相称,也不要动辄粗口恶言地说:“死人啊! 你过来!”万一真的死了,怎么办呢? 一个家庭的和谐,是从彼此的温和态度、关爱言谈中开始的。

3. 要“勤劳家务”:家庭的环境,要里外干净,对于饮食三餐,尤其要妥善照顾。有些先生有外遇，是因为他每次一回家，家里不但乱七八糟，太太还啰啰唆唆，闲话唠叨一大堆，让他觉得这个家像菜市场、像牢狱。而外面另一个女人对他殷勤、赞美，他当然觉得："这一个比较可爱！"

一个幸福的家庭，先生下班回来了，桌上已经放好了一杯热茶、一份报纸，餐桌上又准备了热腾腾、美味的饭菜；那么，先生无论再怎么忙，都会赶回来喝你准备的热茶，看你放置的报纸，吃你烹调的饭食，不会浪荡在外彻夜不归了。

4. 要"关护亲友"：先生的亲戚、朋友、邻居到家里来，你要帮他招呼，亲切款待，使他们宾至如归。一个贤内助知道先生的事业重要，你让他把朋友、客人带到家里来，他就不必到外面去应酬了。若是先生的朋友、客户到家里来，你对他们不欢喜，使先生的事业和心情都不顺遂，他只好到外面去应酬，久而久之，他可能就移情别恋了。

5. 要"缝衣善煮"：一个贤惠的太太，要细致关心先生的生活，嘘寒问暖，在衣、食、行止间无微不至地照顾他，不要一天到晚责问："你有没有去寻花问柳？有没有金屋藏娇啊？"反而引起先生的反感，要了解先生的兴趣是什么，妥善地关心他的兴趣、他的生活；在体贴周到、爱护备至的太太面前，即使先生不规矩，也坏不到哪里去的。

另外在《玉耶女经》里，指示我们一个好太太必须具备五种妇德：

1. 要做"母妇"：爱夫如子，像母亲疼爱子女一样地关心丈夫。

2. 要做"臣妇"：事夫如君，像大臣侍奉国君一样地礼敬丈夫。

3. 要做"妹妇"：事夫如兄，像小妹妹一般把先生当兄长手足，对他友爱、关怀。

4. 要做“婢妇”：事夫如妾，像婢女侍候主人一样地恭奉丈夫，给他自尊自信。

5. 要做“夫妇”：两个人过去不认识，现在凭着媒妁之言，或双方情投意合而结为夫妇。虽然，结婚典礼只在一瞬间，夫妇关系却须恒久不变，长远地维持下去。做太太的必须认为：世界上最能干、最有为、最可靠、最疼惜我的是我的丈夫。做丈夫的，也要这样想：世界上最贤惠，最体谅我的就是太太。这种心理能维持多久，夫妇的恩爱幸福就有多深多长。像佛经上说的：“恩爱亲昵，同心异形，尊奉敬慎，无骄慢情；善事内外，家殷丰盈，待接宾客，称扬善名，是为夫妇”。

事实上佛经中对于君臣、父子等其他伦常关系，也都有精辟独到的阐明。从佛陀谆谆的教示中，我们可以了解，佛教不仅对出世之学有精深圆融的思想体系，佛教对世间纲常的诠释，其究竟透彻，如实切要，也是各种学说难以望其项背的。

四、究竟解决你我的问题

佛学中的“究竟”一词，指至极、最高境界的意思。

“诸法因缘生，诸法因缘灭”，你我之间的一切关系都在缘分上维系，善缘得善谊，恶缘造恶业。我们应如何彻底解决人我的一切是非争执呢？

（一）“你好我坏，你大我小，你有我无，你乐我苦”

我们都希望自己好、自己大，希望拥有和快乐，怎么反而把好的、大的、有的、乐的都给别人去享受呢？此即是千百年来人类功利心态的“所知障”。人与人之间，若想从根本上解决彼此的一切不和谐，应该奉行这四句话，会让我们获得意想不到的法喜。

1. “你好我坏”：

有两户人家，一户张家老是吵架，另一户李家则内外融洽，从不吵架争执。日子久了，张家不免纳闷，就问李家：“为什么我们家天天吵架，没有一天的安宁，你们家却和和气气的，几乎从来不闹纠纷呢?”

李家的人说：“因为你们家都是好人，所以会吵架；我们家一个个都是坏人，所以吵不起来。”

“哪有这种事？这话什么意思?”

“比方说：有人打破了花瓶，你们家的人直觉自己没错而错在别人，于是一个指责对方不小心把花瓶打破了，对方则认为不能怪他，是你不该把花瓶乱放……如此，谁都认为自己对，自己是好人，自然就争执不休了。而我们家的人，则一个个怕伤害别人，宁可承认自己坏也不愿指责对方，所以打破了花瓶的人马上道歉说：‘对不起！对不起！我太不小心了!’对方也立刻引咎自责说：‘不怪你，不怪你，我不该随便把花瓶放在那儿!’我们家的人都承认自己错、自己坏、不推诿、不卸责，家里的关系自然和谐无争了。”

如果每一个人都肯“严以律己，宽以待人”，随时肯谦卑自承：“对不起!”“我错了!”“我做得不好!”……为人处事就会很顺利，一切无明自然泯除，一切挂碍自然消解。

2. “你大我小”：

同样的道理，如果每个人都希望自己比别人伟大、强大，争执也会层出不穷；如果能怀“让你伟大，我来渺小”的心态，自然能化戾气为祥和。其实，渴望伟大的人，不一定就能伟大，自以为渺小的人，也不真的就很渺小，反而是“能忍为大”、“能容为大”，能包容涵纳他人的人更伟大。

3. “你有我无”：

一般人总希望自己拥有的比别人多，而不顾别人的匮乏，但是如果大家都没有，只有你个人独占，恐怕别人也不会让你顺顺心心地安享吧？“人为财死，鸟为食亡”是一例，“匹夫无罪，怀璧其罪”又是一例。把“有”让给别人，自己“无”；“无”并不是真的一切空空，而是无限、无穷、无尽，“有”则反而有限、有穷、有尽了。从我们的精神上、道德上与佛法相应，会发觉世上许多无形无相的东西反而更可贵；一切价值不在于虚无的外表，而在于丰蕴的内涵。

4. “你乐我苦”：

一般人总是好逸恶劳，只求一己逸乐，不顾他人苦楚，这是世间争执的根源。我们应该把快乐献给别人，独乐乐不如众乐乐。当别人快乐的时候，我们也会感染快乐；当众人快乐地围绕着我们，我们的快乐也会更大更深。“牺牲享受，享受牺牲”即是这个道理。

（二）“照见五蕴皆空”

第二个解决人我关系的办法是《般若心经》上的这句话：“照见五蕴皆空”。

“人之大患，在吾有身”，佛教也认为，一切苦的根源在“我”，“五蕴”就是“我”的代名词。“色、受、想、行、识”这五样东西，蕴含了一切精神、物质上的得失忧喜。佛经里记载，人有八万四千个烦恼，这八万四千个烦恼，好比八万四千个盗贼；统领这八万四千个盗贼的，是“贪、瞋、痴”三员大将，而御使这三员大将的总司令就是“我”，收服了这个“我”，自然天下太平了。

实在说，做一个人的负担也很重，有八万四千个盗贼盘踞在我们的身心里，这个身心好像一座大营房，六根——眼、耳、鼻、舌、身、意，像六个盗贼，一个个伺机为非作歹，不容易受我们领导控制。怎么样才能离苦得乐呢？关键是“无我”。佛教讲的“无我”，并不是死亡之后的没有我，因为六道轮回流转，人是死不了的，身体毁坏灰灭后，仍然有个“我”在。佛教讲的“无我”，是“无我相，无我执”，有一个譬喻：

有一个人晚上赶路回家，天太黑迷了路，看到路旁有一间小屋，就进去歇一歇。

刚休息不久，有一个小鬼背了一具尸体进来了，那个人吓得魂不附体，还来不及逃命，立刻又跑进来一个大鬼，兜头扭住小鬼争夺尸体，这个说是我的，那个也说是我的，结果两个鬼僵持不下，吵得轰隆价响，把那个人吓得悚悚发抖，不小心弄出了声音来，被大鬼听到了，就说：“好！这里面还躲着一个人，把他抓出来，叫他评评这尸首是谁的。”顺手一揪把这人揪出来，小鬼理直气壮地问：“你说，这一个尸首是谁先背来的？”

这个人又慌又怕地想：“如果我照实说是小鬼背来的，大鬼一定不会饶过我；如果我说这个尸首是大鬼的背来的，说了谎作了伪证，小鬼一定发怒，并且违逆因果。唉，反正是一死，还是实话实说吧！”

于是心一横，大声说了："这个尸首，我看见是先由小鬼背进来的！"

大鬼一听，大怒，就扭断这个人的膀子，一口吞下肚子里去了；小鬼看到这个人帮了他的忙，反遭不测之祸，心有不忍，立刻从尸体上拔下来一只膀子给那个人接上。大鬼更生气，掰下这人的左臂来吃，小鬼随即卸下尸体的左手接上；大鬼再拆下腿，小鬼就接上新腿；大鬼气得不得了，一把砍下那人的头，小鬼就又接上个尸头；这样撕来换去的，又吵又闹，到最后两鬼都含怒呼啸而去，只留下这个人呆呆地想："我是谁啊？我的膀子、手臂、腿、头都被大鬼吃了，现在这个换上来的膀子、手臂、腿、头都是那具尸体的，究竟哪一个才是我啊？"

现在的医学已经进步到"器官移植"的程度了：眼睛坏了，可以把别人的眼睛移植到我们的身上来；皮肤溃烂了，可以用羊皮、牛皮移补；肾脏坏了，父母、兄弟、姊妹的肾脏都可以移植给我；等到统统换过之后，这个"我"又是谁呢？人身原是一个假合的幻形空象，所谓"照见五蕴皆空"，就是不要在这个形相上计较、执着，认为这是我的眼睛，这是我的耳朵，这是我的观念，这是我的权利，这是我的思想，这是我的……"有我"，是痛苦的根源；"无我"，才是解决你我问题的妙方。

（三）"凡所有相，皆是虚妄"

最后一个解决你我关系的究竟如实之法，就是《金刚经》上说的"凡所有相，皆是虚妄"。

除了"无我"之外，还要"无你"，要"无我相、无人相、无众生相，无寿者相”，即是“四相一起捐，圣凡悉平等”，到了这个境界，没有一切“你”、“我”分别对待的假相，则会呈现出平等自如的法界，大家就能和谐相处，融洽自在了。

为什么“四相一起捐”之后，没有你我，就没有苦恼呢？比如说：假如你和一个人讲话，他坐着，你站着，你心里会嘀咕：“哼，好大的架子，你有什么了不起？”觉得气愤难平。可是回到家了，你的小儿女一看到你回来，缠着你说：“爸爸！你跪下来当马给我骑！”你不但会高高兴兴地跪下来让他们骑上去，还让他们一面骑一面打：“快点跑！快点跑！”乐得哈哈大笑。人家坐着你站着，你会生气，因为有“你”、“我”之分；回到家给小儿女当马骑，跪着爬，你反而高兴，因为是“我的儿子”、“我的女儿”，和我一样没有分别，也没有“你”“我”的差异，所以能不烦恼、不生气，一切扰扰纭纭的分别妄想都不会生起了。

人生在世，解决痛苦的究竟之道，就是把“你”当作“我”，你我一体，你我不二，将心比心，解衣推食。像常不轻菩萨，对一切人都抱着尊重的态度：“我尊敬你们，不敢轻视你们，因为你们将来人人可成佛”，如果人与人之间的关系，能建立在互相尊敬、人我一如的妙谛上面，那么一切的纷争平息，我们的社会也更加安和乐利了。

1982 年 12 月 22 日讲于彰化县政府大礼堂

谈情说爱

如何把心中的私情和爱去除，陶冶为奉献大众的胸襟？
如何把自私占有的感情，转化成无私的道情法爱；
把有选择、有差别的情爱，净化为“无缘大慈，同体大悲”？

情爱，不一定只限于男女的情爱，父子、母女之间的亲情，朋友之间的友情，战友之间的袍泽之情都是情爱。

爱的世界很广阔，我们不但爱父母、爱朋友、爱国家，我们也爱植物，还有人喜欢动物，甚至有人喜欢矿物，收集各种奇石异物作为赏玩，更有人集邮、集火柴盒；爱慕有情众生固然是一种情爱，喜爱无情的草木也是情爱。

常常听到有人问：“人类从何处而来？”佛经告诉我们：“人是从爱中来的。”佛经上说：“爱不重，不生娑婆”，又称人类是“有情众生”，可知人是有情感有情爱的生命，爱，是生命的根源。

有的爱属于“污染”的爱，有的爱属于“纯洁”的爱，有的爱是“占有”的爱，有的爱是“奉献”的爱。“爱”究竟像什么呢？从坏的方面说，爱如绳子，会束缚住我们，使我们的身心不得自由；爱似枷锁，会困锁住我们，使我们片刻不得安宁；爱有时如盲者，身陷黑暗之中而浑然不觉；爱又像刀口上的蜜，为了贪尝那一点点甜味，可能有破舌丧命的危险；爱更像苦海，所谓“爱河千尺浪，苦海万重波”，它可以使我们在苦海里倾覆灭顶。

从好的方面讲，爱是牺牲、是奉献，爱是鼓励、是慈悲。对大众而言，总希望被人所爱，喜欢获得别人的感情。但是有一些人，他们则喜欢发挥自己的爱心，去爱社会上的大众。爱，有时候也很容易出问题，因为“爱”与“恨”是一对难兄难弟，几乎是形影不离的，爱得不好，会成为恨。一般人所讲的爱，往往仅限于男欢女爱，不能进一步将爱扩充为同胞相与的襟抱，将爱升华为爱护一切众生的慈悲。

情爱可以分为四个层次：

一、人间凡夫的情爱

凡夫的情爱，往往是狭隘的、有限的，凡夫的情爱是占有的、有相的。人间凡夫的情爱，有时候会产生许多的问题，归纳其原因，有下面几种：

（一）爱的对象不对

看到自己喜欢的人，动起爱慕的念头，是人之常情，但是爱慕的对象不当时，不但不能增加幸福，反而平添烦恼。譬如对方已经是有妇之夫，或是名花有主，还苦苦追求，只有造成悲剧和痛苦。况且感情是双方面的事，落花有意，流水无情，也是无法勉强的。用情的程度应该当浅则浅，当深则深，如果陷溺太过，难免会遭致没顶。

（二）爱的观念不对

有的人以为家财万贯便能买到别人的情爱，有的人以为身份不相称、门户不相当便不能交往，这些都是错误的观念。以男女情爱的例子来说：过去的婚姻，一定要有多少聘金才能来作媒，才能谈婚论嫁；或者在谈情说爱的时候，总考虑到对方的身份、家世、品貌、学历、职业，列出许多条件来。像这种有条件的爱，已经成为一种物质层次的爱，而不是真正的爱情；真正的爱是不讲求条件，完全付出的。

（三）爱的方法不对

有的人以为可以三妻四妾、金屋藏娇，享尽天下之福，这是个人享乐的私爱。有的人对于心爱的人，纵然有错失，也不加以指正，而对自己讨厌的人则百般挑剔，眼睛仿佛蒙上了一层阴翳，不能明白地看清对方的真正面目，因此有人说：爱情是盲目的。我们应该有“爱而知其恶，恶而知其善”的认识，才能真正发挥爱的功用。

过去有一则警人的故事：有一个富翁非常宠爱他的独生子，舍不得让孩子吃半分苦，衣服是服侍着穿的，饭是一勺勺喂着吃的，这样一直娇生惯养到 30 岁，这孩子要什么有什么，一切都不劳动手，什么事都不做。一天，富翁过五十大寿，特意请了一个星象家来算命，这一算，才知道富翁阳寿是 80 岁，而儿子只能活到 62 岁，这下糟糕了，富翁还来不及替儿子伤心，儿子已经呼天抢地地哭起来了：

“爸爸呀！你只能活到 80 岁，那时我还不到 60 岁，还有好几年要活；那时候你已经到棺材里睡觉了，谁来养活我呀？我怎么穿衣服吃饭呀？”

父母错误的溺爱，反而害了子女一生；父母鼓励的爱，却能给予子女莫大的力量，对人生作出正确的抉择。

此外，佛教并不反对正当的男女之爱、夫妻之情。只是，现在社会上一些男女青年谈恋爱，常常成了胡乱之爱——从可贵的男女之爱，演变成惹是生非的乱爱，这是很不好的现象。有人说，情爱一场，在法国是一出喜剧，在英国是一出悲剧，在意大利则是一出歌剧；如果在美国，现在的情爱已成为一场闹剧，而情爱如果在中国，则是一场丑剧。

为什么我们社会的某些情爱是一场丑剧呢？报纸上可以看到许多触目惊心的报道，情爱的结果不是毁容就是伤害、毒杀，制造了很多骇人听闻的丑陋事端。看到这许多丑陋的事情发生，总不禁慨叹：众生实在不懂得情爱！

所谓情爱，即使不谈到牺牲、奉献，但至少在情爱里彼此不能伤害对方。《战国策》里，乐毅说：“君子绝交，不出恶声；忠臣去国，不洁其名。”一个君子，如果与人绝交，不说对方的坏话；忠贞之臣离开了国家，亦不解释自己的高洁之名。同样地，有情人能成眷属，固然很好，如果不能，也要像君子一样，好聚好散，不必翻脸成仇。一旦情感破裂了，彼此和和气气地离开，怎么忍心把自己曾经那么热爱过的人，憎恨地丑化他、伤害他，甚至摧残他，这又是何苦呢？

有人说，青年人谈爱情，爱情是挂在嘴上，说说而已；中年人谈爱情，爱情在身上、在手上；老年人谈爱情，爱情是放在心上，刻骨铭心。由此可知，对爱的体会是随着年岁的增加而日趋成熟的。一般说来，凡夫的情爱是从红颜到白发，从花开到花谢，比较贪恋于男女之欢。如果情爱能够随着我们人格的递增而日益提升，随着道德的长进而日臻纯净，那么凡夫的情爱也会愈来愈升华，从爱自己，乃至爱自己的父母眷属，进而爱世界人类。

二、人间圣贤的情爱

人间的圣贤，他们有没有感情？有没有情爱？他们的情爱跟人间凡夫的情爱是不是一样呢？举几个例子：

（一）为国忘己

大禹是我们古代的贤者，当时天下的老百姓正受着洪水的灾害，他奉命治水，解除天下苍生的痛苦。13 年在外督导，3 次经过自己的家门而不进去探望亲人，那是因为他时时想到老百姓正生活在水深火热之中，而忘掉了自己的私情私爱。这种为国为民而忘记自己的精神，给我们后代子孙留下了一个典范。

在战国时候，屈原是楚怀王身边的重臣，因为怀王听信小人挑拨离间的话，便渐渐疏远了屈原，甚至将他放逐。可是屈原仍旧热爱他的国家，忠心耿耿地希望祖国能够走上强盛之路，因此，虽然不见信于君王，却不改其忧国忧世的忠贞，最后甚至投汨罗江而死。我们从他留下来的许多感人肺腑的爱国辞章中，可以感受到屈原那一股不可屈侮的爱国情操，他宁愿以身殉国，也不求自己苟活。这种情爱，就是一种牺牲忘己的情爱。

宋朝的爱国诗人陆放翁，身经北宋、南宋的变乱，在他临死时，对他的子孙说:“死去原知万事空,但悲不见九州同;王师北定中原日,家祭毋忘告乃翁。”这种对国家的情爱,也是一种感情的升华。

(二)为众无己

佛陀的堂弟摩诃男将军,是迦毗罗卫国的守城大将。当城被敌军攻破时,他向敌军说:“请先不要杀害我的百姓,等我沉到水底再浮起来时,你们才开始杀我的人民吧!”敌军的统领——凶恶的琉璃王说:“反正你们难逃一死,好吧! 就答应你最后的一个愿望。”摩诃男于是沉到水里面去,过了很久都没有浮上来,琉璃王很纳闷,派部下潜到水里去看个究竟。原来摩诃男把头发绑在水底的树上,永远也不会上来了。他为什么把自己沉溺在水中呢? 是为了有更多的时间,让城里的民众可以逃亡。像这种为老百姓牺牲生命也在所不惜的大无畏爱心,也是一种高超的情爱。

(三)为法献己

在佛教里,有“佛教的孔子”之称的唐三藏玄奘大师。他为了到印度求学佛法,经过八百里的沙漠,行经途中,马所运载的水忽然都倾倒流失了。在沙漠中,如果没有水必然是死路一条,然而他忍受种种饥渴的煎熬,发出坚宏的誓愿:“宁向西天一步死,不往东土一步生。”这种对真理追求的热忱,也是一种可贵的情爱。

我们看到日本人穿的和服,和中国的服装很相似,房舍的建筑方式,也和中国房子相仿佛,甚至吃饭用的碗筷也都是中国式的;日本的文化可以说是中国文化的旁支别脉。当初是哪些人将中国文化传扬播种于日本呢? 其中就有唐朝的鉴真大师。他发愿到日本弘扬佛法，前后共经过7次的努力，费了12年的时间。有一次失败，被官府捉拿回来；又有一次，在路上遇到强盗土匪，被洗劫一空；以后又遇到台风巨浪，半途折回；甚至被自己的徒众出卖了，如此历尽千辛万苦，终于在第7次到了日本。那时他已60多岁，双目也瞎了。但是，他仍然不改初衷说："为大事也，何惜生命？"为了完成弘扬佛法、普度众生的大事，他不惜自己区区的生命。像这种探求真理的热忱、弘扬佛法的悲愿，也是从情爱之中升华起来的。

（四）为孝尽己

佛教中的大孝子目犍连尊者，为了营救在地狱中受苦的母亲，出生入死，竭尽心力，因而使佛陀启说了《盂兰盆经》救倒悬报亲恩的法门，不仅自己的生身父母得度，众生父母也因此得以救拔，这种孝行是一种情爱的伟大转化。

北齐时代的道济禅师，一头挑着万卷的经书，一头挑着年老失明的母亲，到处弘扬佛法。有人要帮助他照顾老母亲，他婉言谢绝说："这是生养我的母亲，不是你们的母亲，应该由我来照顾她的生活起居。"

唐朝的陈尊宿，道风高迈，得法于黄檗希运禅师，事亲至孝，自己编织蒲鞋来孝养母亲，人人尊称他为"陈蒲鞋"。

佛门中有许多感人肺腑的孝行，这种反哺报恩的孝行，是人类至真至善的感情，也是一种情爱的高度显扬。

（五）爱徒如己

《论语》记载：孔子的弟子颜回去世的时候，孔子伤心欲绝说：

“天丧我也！天丧我也！”孔子的眼泪是他感情的流露。为什么弟子颜回死了，让他如此伤心呢？他是为青年才俊的夭折，为人才的损失而悲伤；这就是一种慈悲的情爱。

密勒日巴尊者到处访师寻道，终于寻访到大善知识的马尔巴上师为传法师。上师问他：“你拜我为师，我问你，你有什么东西供养我？”

密勒日巴尊者虔敬顶礼：“我把身、口、意三业奉献给你，作为我的供养。”

上师答应收他为徒。有一天，上师跟他说：“你身体健壮，我要你建造一间藏经书的石屋，造好了，我就传法给你！”

密勒日巴听了，非常欢喜，即刻请求上师将造房子的图样交给他。上师说：“我想在东方险要的山顶上造一所圆形的房子，也借此消除你的业障。”

密勒日巴于是日日费力造屋，差不多造到一半的时候，上师来了，把他一件半月形的上衣，层层折叠起来，放在地上说：“这地方不大好，你把石头和材料拆运下山，到西方山头照这衣的样子替我盖个房子吧！”

密勒日巴苦不堪言，只好再背上背下地造屋，等盖到一半的时候，上师又来了，说：“这个房子看起来好像还不对，你把它拆掉，把木头石头搬下山，到北方的山头给我盖一所真正代表修行者的三角形房子吧！”

密勒日巴只得遵照师命，重新不眠不休地赶工，不以烈日熏烤、风雨摧打为苦。好不容易做了三分之一的时候，上师又来了，问他：“这房子是谁叫你做的！”

密勒日巴急了，马上回答："是师父您亲自吩咐的呀！"

上师搔了搔头说："哦？我怎么想不起来了？在这种坏风水的地方造三角形的房子，像修诛法的坛城，你这不是存心想害我吗？拆掉！拆掉！到北山给我建造一所四方形的房子，要9层，上面再建一个库房，总共10层。房子盖好了，我就传法给你！"

一席话下来，密勒日巴的辛苦又全部付诸流水。

就这样盖了又拆，拆了又盖，多少年的岁月在挑砖荷土中过去，累得身上的皮肉都烂了。师兄弟们看了很不忍心，自动跑来同心协力地帮他搬瓦、挑砖，师父看到了，依然大发雷霆："我是叫你来建房子，并没有叫人帮忙盖，你怎么这么懒，随意找别人来帮忙呢？"

不但骂他，还拿棍子重重地打他，打得痛苦，难免哭出声，师父不但没有半句安慰的话，反而厉声喝斥："你哭什么？你当初来的时候跟我说，你要把身、口、意全部奉献给我，我现在打的是我自己的东西，骂的也是我自己的东西，你哭什么？"

密勒日巴所受的折磨远超过我们的想象，各种煎熬、锻炼，他都默默地忍受了。多少年后，密勒日巴终于成道了，证得大阿罗汉果。当他开悟的那天晚上，师父抱着他痛哭失声："我为了你是一个千载难逢的奇才，才不惜用种种最艰辛困苦的方法来磨炼你，让你早日得道。当师父责骂你、鞭打你，对你无情无义的时候，师父的心里也很痛苦。但是，为了你的将来，师父只有忍下心来一再地鞭策你……"

像这种看起来不近情理的严苛行径，其实也是圣贤爱惜人才的至高情爱。

我自己幼年出家，也受过这样的教育。我们到戒场受戒的时候，戒师们坐成一排，严阵以待地盘问我们："你们来受戒是自己发心来的，还是师父叫你们来的？"

有人抢着回答说："老师慈悲，是弟子自愿发心来受戒的。"

戒师听了，不发一语，拿起藤条，就是一顿抽打，然后说："你好大胆，你师父没有叫你来，竟然敢来。"

换了另一位戒师，同样地问你："你来受戒，是自己要来，还是你师父叫你来的？"

看到刚才有人被打了，心有戒惧，赶快看风使舵，小心翼翼地回答说："老师慈悲，是家师要我来受戒的。"

自以为回答得很好，谁知道又是一顿毒打，边打边说："如果你师父不叫你来受戒，你就不来受戒了吗？"

低头一想，也有道理，如果师父不嘱咐自己来受戒，难道自己就不知道发心了吗？

再换一位戒师，仍然是同样的问题。有了两次的经验，这回赶忙灵巧地说："师父叫我来受戒，弟子自己也发心来求戒法。"

这样的回答一定万无一失了？出乎意料，竟又挨了一顿打，打了之后还说："你很滑头。"

这一关总算过去了。到了另外一位戒师那里，话题转变了："你过去有没有过杀生呢？"

杀生罪孽深重，怎么能说有过杀生呢？赶忙摇头说："没有！"

"你从没踏死一只蚂蚁，从没打死一只蚊子吗？分明说谎！"

于是又噼里啪啦一顿打，说谎该打，倒也心服。又换了一位，还是同一问题，只好照实承认："报告老师，弟子杀过生。"

“罪过哟！罪过哟！”

鞭落如雨下，到了最后，不论戒师问什么话，根本就不想回答了，只能无可奈何地说：“老师，您要打尽管打好了！”

我们所受的那种教育，是以无理来对待有理，是以无情来对待有情。在无理、无情的情形之下都肯低头，那么在真理面前还不能信受奉行吗？老师的无情无义，实际上，是为了度化我们这些顽强的有情众生所用的机巧方法，这种无情，其实是一种大慈悲！我自己经常觉得很幸福，因为我们受过这样严格的教育，好比废铜烂铁被投掷在洪炉中烧炼成钢一样，虽然艰辛，今日回想起来，实在是一种福报。

对于现在的青少年们，我觉得最大的损失，就是在教育里缺少了接受磨练的精神，而这种恨铁不成钢、陶铸后学的大慈悲，是需要更大的爱的力量。

三、人间罗汉的情爱

爱是有层次的，我们从最初夫妻之间深深的爱，扩大到兄弟姊妹，再扩大到亲戚朋友，扩大到邻居、同胞、全国人民，再扩大到一切的动物、一切的众生。我们从凡夫的爱到圣贤的爱，再进而到出世的罗汉的爱；罗汉、菩萨的情爱就更超越了。

我们常常礼拜的地藏菩萨，他在安徽九华山修行时，只有一二个童子跟他一起居住。有一天，幼小的童子住不惯深山想要下山去。地藏王送这童子下山，并赠他一首诗：

空门寂寂汝思家，礼别云房下九华。

爱向竹栏骑竹马，懒于金地聚金沙。

瓶添涧底休拈月，钵洗池中罢弄花。

好去不须频下泪，老僧相伴有烟霞。

从这诗里，我们可以看到菩萨罗汉的心肠这首诗的意思是说：佛门太寂寞了，所以你会想念家乡。现在你告别了像云一样高的我们的居处，离开九华山。你喜欢回去像小孩子一样地骑竹马游戏，不愿在黄金宝地，聚沙成塔的修行做功德。

你回去之后，拿着花瓶到有水的溪涧边去换水的时候，不要去空捞那涧水上的明月。你洗钵的时候，看到花花树树的倒影，也不要以为池塘里面有一个真实的花花世界。你好好去吧！不必流泪，我住在九华山上自有陪伴我的人，你看天上的云霞，还有那轻飞的烟，大自然不都是可以陪伴我的吗？

像这样的菩萨罗汉，他们体谅人情，爱护幼小的少年，给予他安慰，所说的话，字字句句都很超越。

唐朝的道积法师，住持益州福感寺的时候，收容了许多麻风病人，一个个身上腐烂发臭，道积法师不但不嫌恶他们，与他们同吃同住，而且耐心替他们熏沐治疗，丝毫不觉厌烦。风声传开，许多信徒纷纷躲闪不敢接近。

有人问道积："法师，你天天跟些又烂又臭的麻风病人在一起，难道你不怕被传染吗？"

道积微微笑道："所谓清净与臭秽，全是人的心识作用，心中没有憎厌，哪里来的怨恨？心田清净，处处清净，我一个出家人如果连这点瞋妄心都放不下，连这点慈悲心都提不起，岂不有愧道法？"

这些圣者的胸怀高旷，他们的慈悲是平等的，他们对物我生命都是一样看待的。

佛陀的大弟子大迦叶，是一位大阿罗汉，他是出身富家的公子，父母要他结婚，他以修道为由而婉拒。被父母一再逼迫，不得已便用黄金雕塑了一个女人，对父母说，除非有像她那么美丽的女郎才肯娶。他的父母就派人抬着这一尊金像游行全国，说这是一尊金神像，少女膜拜她会有好运气，于是，全国的少女都闻声前来膜拜。有一位少女到了金像前面，顿时金光黯然失色，全被她的美貌掩盖了，她就是有名的美女妙贤。

妙贤和大迦叶结婚了，原来这位妙贤也打算修道，起初她还怪大迦叶："我的父母为了你家有钱有财，把我嫁给你，违背了我修道的志愿。"大迦叶一听："那很好，我也要修道的，我们各修各的道吧。"

所以，名义上是夫妻，实际上他们还是继续修行。经过了12年，他们的父母都去世了，他们便一起出家修道，分别成为比丘、比丘尼。由于妙贤太美貌了，虽然是比丘尼，但每一次出去托钵乞食，都有很多少年们跟随在后面，和她开玩笑，吓得她不敢出去化缘，曾经做过名义上丈夫的大迦叶就把托钵回来的食物，分一些给她吃。因此惹了很多闲言闲语："什么12年名义夫妻，现在出家做比丘、比丘尼了，两个人还是那么恩爱的样子。"

后来，妙贤深深慨叹自己美貌的悲哀，便把容貌弄丑，希望做一个"丑僧俊道"。所以，大阿罗汉的情爱，与人间一般的常识看法是很不一样的。

在佛寺的斋堂里悬挂着一副对联："莫嫌佛门茶饭淡，僧情不比俗情浓。"在一般人的观念里，阿罗汉已经抛弃了人间的感情，过着一种灰身灭智、无情无爱的生活。其实阿罗汉是绝情而有情，充满至情至性的圣者。阿罗汉的无情，是超越儿女私情，舍弃个人贪欲的，也唯有舍弃男女之间私情私爱的绝情，才能对一切的众生，兴起广大无私的无限慈悲。我们看唐朝从谏禅师的阖门拒子，弘一大师的避见妻孥，看似无情，却是大有情。他们把对妻子儿女的情爱，净化为对真理的追求，提升为对芸芸众生的关爱。因此真正的情爱不是拥有对方，而是一种生命的交流，更是一种对天下苍生的无尽奉献。

四、人间佛陀的情爱

佛陀的母亲在他出生的第七天就过世了。成道之后的佛陀，一直希望能够为他母亲讲说佛法，报答生育之恩，后来终于在忉利天为他的母亲说法，一了心愿。佛陀的父亲净饭王去世后，诸王子们商量要亲自为父亲抬棺，佛陀虽然已成就道行，也亲自为他父亲抬棺。大家看到佛陀也在抬棺的行列里面，弟子们都非常感动，佛陀为佛教的孝顺父母做了很好的模范，佛陀实在是一位忠孝两全的伟大圣者。

佛陀的爱建立在“怨亲平等”上。佛陀没有出家之前，已经娶了天臂城主善觉王的长女耶输陀罗公主；佛陀成道以后，回到相离十多年的故乡。一个成了佛的佛陀，与一个独守空闺的妻子终于要见面了，耶输陀罗内心很着急，不知道过去的夫婿现在变成什么样子？她的心里充满了期待与疑惑，不知道该如何与他见面才好？

佛陀与父王、大臣、王子们叙过旧之后，终于来和耶输陀罗见面。耶输陀罗心里想：“我要好好责问他，为什么舍弃了我？”但是，当她看到佛陀那庄严的威仪时，不自觉地跪了下来。佛陀平静庄严地说:“耶输陀罗,请你谅解我的做法;我虽然对不起你个人,但我对得起一切众生。现在,请你为我欢喜,我终于修满了我历劫的愿望,成就了佛果,我以广度众生为我的志愿,你也在我广度的众生之列。”

佛陀慈悲的音容、庄严的仪止、超越情爱的语言声音,大家看了无不受到感动,最后,耶输陀罗也出家修道了。所以,有一句话说:“君子爱人以德”,真正爱护一个人,是引导他趋向正道,帮助他日臻成熟,而不仅仅是形体上的长相厮守。

佛陀对亲人如此,对冤家仇敌也是一样。佛陀的仇敌提婆达多,专门和他作对。但是,佛陀从来没有怨恨他,总是告诉大家,提婆达多是他的逆增上缘,是他的善知识。没有黑暗哪里有光明?没有罪恶哪里有善理?没有提婆达多,伟大崇高的佛陀又怎么能成就佛道,令人敬仰呢?

佛陀的慈悲遍于一切众生。弟子们生病了,佛陀亲自替他送水、煎药;年老的比丘视力模糊了,缝衣服时不方便,佛陀替他穿针引线。佛陀爱护弟子,就像慈爱的母亲一样,给弟子以光明,给众生以依靠,佛陀实在是我们的慈航,是我们的无尽希望。

佛陀教育弟子善巧方便,耐心调教。对于挑粪的尼提,佛陀特地绕远路去度化他;愚痴得连一首偈都不会背的周利盘陀伽,佛陀很耐烦地告诉他,为他讲说佛法让他开悟。他的弟子迦旃延在很远的地方传教,有一天,派一位小徒弟来问候佛陀,佛陀知道了之后,对弟子说:“迦旃延的弟子来了,在我的房间搭一张床铺让他睡觉吧!”崇高伟大的佛陀,对于远道而来的小孩子,都这样的慈爱呵护;佛陀不仅关心小弟子,也等于呵护了在远处传道的迦旃延。为了修行而瞎了眼睛的阿那律，一直等到他证得天眼通，佛陀才放心；阿难陀常常受到女人的麻烦，一直等到阿难陀尊者真正成道了，佛陀心上的石头才放下来。

爱是有层次的，从最初血浓于水的亲子之情，两情相悦的夫妻之情，进而至兄弟姐妹的手足之爱，再扩大为亲戚朋友的守望关照，而提升为对世界人类，乃至一切众生的悲悯。从凡夫占有的情爱，进而达到圣贤爱国爱民的情爱，最后升华为诸佛菩萨“但愿众生得离苦，不为自己求安乐”的大慈大悲。

情爱如水一般，可以滋润我们的生命，但是水能润物，水也能覆舟，感情处理不当，也会让我们灭顶丧生。如何来处理感情？

1. “以智化情”：用理智来净化感情。

2. “以慈作情”：用慈悲来运作感情。

3. “以法范情”：用礼法来规范感情。

4. “以德导情”：用道德来引导感情。

如何把心中的私情私爱去除，陶冶为奉献大众的胸襟？如何把自私占有的感情，转化成无私的道情法爱；把有选择、有差别的情爱，净化为“无缘大慈，同体大悲”？这是我们追求人生幸福之道，升华生命内涵，必须慎思的问题，有了服务众生、奉献社会的慈悲，则心灵生活、感情生活将更丰富、更隽永。

1982年12月23日讲于彰化县政府大礼堂